ジャズ・ジャイアントたちの20代録音「青の時代」の音を聴く

神舘和典

星海社

277

SEIKAISHA SHINSHO

JN052990

はじめに

1998年11月から2000年10月、ニューヨークを拠点にジャズの取材をしていた。ニューヨークへ渡ったきっかけは、ちょっとした思いつきに過ぎない。〝ニューヨーク帰りの音楽ライター〟になろうとしたのだ。

出版界が斜陽産業と言われるようになりもうずいぶん経つが、1990年代当時はまだそれほどひどくはなく、競合する書き手もたくさんいた。

そのなかに埋もれてしまうことを恐れ、ニューヨーク帰りの書き手になろう、という考えに至った。箔を付けたかった。あざとい発想だ。

ニューヨーク行きを決めると、思いがけず周囲が手を差し延べてくれた。

某大手出版社のスポーツ誌がNBA（アメリカのプロバスケットボールリーグ）とNHL（アメリカとカナダのプロアイスホッケーリーグ）、格闘技専門の出版社がボクシングの世界戦のメディアパスを用意してくれた。レコード会社各社はアーティストのインタビューをアレンジしてくれた。

追い風が吹き始めると、欲が膨らんでいく。せっかくニューヨークで取材をするのだから、成果を上げたい。

そこで、生きている著名なジャズ・ミュージシャンに全部会うことを自分のミッションの一つにした。ジョン・コルトレーンやマイルス・デイヴィスは永眠していたが、ジャズ史にその名を刻むレジェンドの多くはまだ健在だった。しかも、かなりのミュージシャンはニューヨーク在住だ。

なぜジャズをテーマに選んだのか——。

1980年代から東京でジャズ・ミュージシャンのインタビューをしていた。つまり、誇れるほどではないにしても実績はあった。ロック・ミュージシャンは、映画俳優同様セレブリティ度が高く、なかなか会えない。一方、ジャズ・ミュージシャンたちは、気さくに取材に応じてくれる。

追い風はつづいた。取材態勢が整うと、二つのメジャーな雑誌が定期的に記事を書くページを用意してくれた。どちらも月に二回発行する媒体だった。

十分な援軍を得て、1998年11月、ニューヨークへ渡った。最初に滞在したのは西83

丁目のレンタルアパート。そこを拠点に取材をしながら、住む部屋を探した。そして1999年1月からは東77丁目にステューディオ（日本でいうところのワンルームマンション）を見つけた。家賃は1225ドル。当時のレートで15万円くらいだ。

ニューヨークでの2年間、ライヴを観まくり、ジャズ・ミュージシャンをインタビューしまくった。

ソニー・ロリンズ、ウェイン・ショーター、ロン・カーター、マッコイ・タイナー、ハービー・ハンコック、チック・コリア、ジョージ・ベンソン、ヘレン・メリル、デヴィッド・サンボーン、ラリー・カールトン、マイケル・ブレッカー、ジョン・スコフィールド、リー・リトナー、パット・メセニー、マーカス・ミラー、ブランフォード・マルサリス、ダイアナ・クラール……など。

もちろん、すべてのインタビューをニューヨークで行えたわけではない。来日公演に合わせて筆者も帰国し、都内のホテルでお目にかかったケースも多い。ハービーやチックの最初のインタビューも来日公演のときだった。

当時は新潟県と長野県の県境にある斑尾高原で「ニューポートジャズフェスティバル in 斑尾」が毎夏行われていて、多くのジャズ・ミュージシャンが参加していた。マッコイにはその会場近くのホテルで会った。

アメリカ国内でも出張した。ウェインのインタビューを申し込んだら、自宅に招いてくれた。当時の彼の家はロサンゼルスのハリウッド。サウンドシティという街で暮らしていたので、アメリカ西海岸まで出かけて行った。

そんなアメリカ時代を経て、今も地道にインタビューを重ねている。

ジャズのインタビューで印象的なのは、多くのミュージシャンが自分の若手のころ、この本でいう〝青の時代〟について積極的に語ることだった。希望と不安、相反する感情を持ち、自分の音を探していた時代を話してくれた。

ジャズには、前の世代から受け継いだ音楽のDNAを次世代へと伝えていく文化がある。

1940年代が全盛期だったチャーリー・パーカーが〝モダン・ジャズの父〟ならば、彼のバンドで育ったマイルス・デイヴィスは〝子ども〟の世代といえるだろう。

そのマイルスのバンドで育ったウェイン・ショーター、ハービー・ハンコック、キース・ジャレット、チック・コリアあたりからジョン・スコフィールド、マーカス・ミラーは〝孫〟の世代。

晩年のウェインと音楽制作をしていたエスペランサ・スポルディングや、浜松の高校生時代にチック・コリアと共演しデビュー後にはデュオのアルバムも録音した上原ひろみは〝ひ孫〟世代と言っていいかもしれない。

若い音楽家は先達のDNAを血肉にして、新しい音を生み育んでいく。

ウェインもハービーもジョンスコもマーカスも、マイルスのバンドにいた時代を話してくれた。自分のルーツという認識なのだろう。

青の時代の演奏は概して粗い。音数も多い。弾かなくてもいいスペースも音で埋め、リーダーに叱られることもあっただろう。しかし、若いからこそのあふれんばかりのエネルギーが感じられる。

「人間は若々しい精神を抱いてスタートを切る。それが探求しようという意欲を支える。だがときが経つにつれ、私たちはそんな精神を失っていく」

これは『ハービー・ハンコック自伝 新しいジャズの可能性を追う旅』(DU BOOKS)のなかのハービーの言葉だ。

本書では、粗くもあり、荒々しくもある、ジャズのレジェンドたちの30歳までの録音を当時のエピソードや本人たちの発言を交えながら紹介していきたい。

なおアルバムは、あくまでも筆者の主観でセレクトさせていただいた。音楽はあくまでもリスナーの好みで聴くもの。選者によって選ぶアルバムは違う。また、一人のリスナーでも、聴く年齢や季節やコンディションによって感じ方が異なる。

また、本書は基本的に、本人のコメントをベースに書き進めた。そのため、著者が直接インタビューしたジャズ・ミュージシャン、あるいは自伝があるジャズ・ミュージシャンの作品を多く、手厚く紹介している。生あるいは生に近い資料が少ないアーティストの作品は十分にご紹介していないことも了承していただきたい。

引用部分は、出典の図書と同じ表記になっている、人名をはじめとする固有名詞や数字の表記など、本文と異なるケースがあることもご容赦いただきたい。

目次

はじめに　3

第1章　1950～1960年代、ニューヨークの青春　17

ハービー、トニー、ロンの青の時代　18
若いエネルギーが爆発した『フォア&モア』　21
独創的なトニー、頼れるロン　23
アコースティックは水彩画。エレクトリックは点描画　26
『エンピリアン・アイルズ』のフレディ・ハバード　28
黄金のクインテット　32
ウェインとコルトレーン、デビュー前の邂逅　35
王道のジャズ『イントロデューシング・ウェイン・ショーター』　37

第2章 引き継がれるジャズの遺伝子 79

若きコルトレーンの代表作『ブルー・トレイン』 41
モダン・ジャズを象徴する『サキソフォン・コロッサス』 45
貧しさとの闘いでもあったレジェンドたちの青春 48
ビリー・ホリデイ「奇妙な果実」のリアル 52
マイルスとコルトレーン、黄金コンビの『ラウンド・アバウト・ミッドナイト』 56
最高峰のトランペット奏者、クリフォード・ブラウン 59
『ヘレン・メリル・ウィズ・クリフォード・ブラウン』の奇跡 61
ビル・エヴァンスが29歳で参加した『カインド・オブ・ブルー』 63
ジャズ・シーンでは白人がマイノリティ 67
マッコイ・タイナーとコルトレーンの蜜月時代 69
『ザ・リアル・マッコイ』で演奏を確立? 73

ヴィレッジ・ヴァンガードで自分を売り込んだキース・ジャレット 80
キース・ジャレットとチック・コリアの共存 83
『マイルス・デイヴィス・アット・フィルモア』の聴きどころ 86
奇跡的なソロ・ピアノ作『ザ・ケルン・コンサート』 91
ジャズを新しいフェイズにいざなった『ビッチェズ・ブリュー』 93
ジョージ・ベンソンは10代でピッツバーグからニューヨークへ 96
若きベンソンが黄金のクインテットと渡り合った『マイルス・イン・ザ・スカイ』 99
フェンダー・ローズの登場 101
ベンソンの新境地だった『アビイ・ロード』 105
ゲイリー・バートンの楽屋に押し掛けたパット・メセニー 107
『アメリカン・ガレージ』『トラヴェルズ』、パット・メセニー・グループの哀愁 110

第3章 ロックの洗礼 115

フュージョンの波 116
日本で大ブームになったラリー・カールトンとリー・リトナー 118
メセニー、ブレッカー、ジャコを起用した『シャドウズ・アンド・ライト』 121
ウェザー・リポートの黄金期はジャコ・パストリアスの青春期 124
『ジャコ・パストリアスの肖像』の衝撃 127
青春のまま永眠したジャコ 129
世界一のベーシスト 132
ロックを経由したマイケル・ブレッカーの『ヘヴィ・メタル・ビ・バップ』 134
ビッグバンドで身につけたコブのある演奏 137
ウィントン・マルサリスのバラード集『スターダスト』 140
ブランフォードとケニー・カークランドの青春 142
ジャズ・シーンから生まれたスティング・バンド 144

『ブリング・オン・ザ・ナイト』のグルーヴ 147

第4章 レジェンドが欲した青の時代のエネルギー 151

すぐれたミュージシャンとの出会いが自分をレベルアップ 152
偉大な音楽家が持つマジック 155
ジョン・スコフィールドが忘れられないデトロイトのギグ 159
『スター・ピープル』の火を噴くようなギター 162
ダリル・ジョーンズは19歳で『デコイ』に参加 164
マーカス・ミラー、20代のフェアリーテイル 167
27歳のマーカスが60歳のマイルスをプロデュースした『TUTU』 171
マイク・スターン27歳の〝デブの時間〟 174
「パーティーに行ったら、帰ることも忘れるな」 178

第5章 新しいジャズを生む才能たち 181

ジョシュア・レッドマン、上原ひろみ、エスペランサ・スポルディング 182
ジョシュア・レッドマン、20代の課題 183
若き日のジョシュアの集大成『ビヨンド』 185
毎アルバム異なるアプローチの上原ひろみ 188
ひろみがチック・コリアとジャズをやった『デュエット』 190
ノーベル平和賞コンサートでパフォーマンス 194
『ラジオ・ミュージック・ソサイエティ』はシンガーが二人いるよう 197

読者のためのレコードガイド 201

おわりに　230
参考文献　232

第1章
1950～1960年代、ニューヨークの青春

ハービー、トニー、ロンの青の時代

ジャズを志す若いミュージシャンたちは皆、ニューヨークを目指す。現在も、1950年代も、ジャズ・ミュージシャンの多くは、ある時期ニューヨークを拠点に活動している。チャンスがあふれている街だからだ。日本でも成功を夢見る若いミュージシャンたちは東京へ向かう。それと近い状況がアメリカにも存在する。

ニューヨークは、昔も今も街中にジャズクラブが存在してきた。ミントンズ、スリー・デューセス、オニックス・クラブ、ケリーズ・ステイブル、ヒートウェイヴ、スポットライト、ルースト、ロイヤル・ルースト、バードランド、カフェ・ボヘミア、ヴィレッジ・ヴァンガード、ヴィレッジ・ゲイト、ブルーノート、ボトム・ライン、イリディアム、ジャズ・スタンダード……など。

ニューヨークの中心、マンハッタンの面積は約60平方キロメートル。これは東京23区の面積の約10分の1。これだけ狭いなかにたくさんのクラブが共存してきた。時代とともにクローズした店もたくさんあるが、ヴィレッジ・ヴァンガード、バードランド、ブルーノート、イリディアムには今も一級のジャズ・ミュージシャンが出演している。

こうしたクラブの多くは、昼の部や日曜日に若手が出演するワクやセッションの時間を設けている。後述するが、ピアニストのレジェンド、キース・ジャレットはボストンからニューヨークへやってきてヴィレッジ・ヴァンガードのセッションに通いつめ、演奏を聴いたアート・ブレイキーにスカウトされている。

また、ニューヨークにはジャズ・ミュージシャンがたくさん暮らしている。狭いマンハッタンは徒歩でクラブへ訪れることができるので、客席にミュージシャンがいることも多い。彼らの目に留まり、若手がバンドに誘われて次のステップに進むケースは少なくない。ベテランのミュージシャンは常に、若く力のある新人を探している。頻繁に紹介し合っている。実際、本書に登場するミュージシャンたちのほとんどが、若い時代は住まいをニューヨークに移し、そこでチャンスをつかんできた。

さらに、ニューヨークには多くのレコード会社もある。スタジオも多い。音楽をつくる環境が整っている。

そして、ニューヨークでの評価は、ストレートに世界的評価につながる。『ニューヨーク・タイムズ』の評は世界のミュージックシーンに影響する。ニューヨークで上質のギグを行えば世界に発信され、ニューヨークで最悪のギグをやってしまい『ニューヨーク・タイムズ』で酷評されると世界的評価も下がる。いずれにしても、自分の力をワールド・レベルで試すにはニューヨークで勝負するべきなのだ。

この章では、セントルイスから来たマイルス・デイヴィス、シカゴから来たハービー・ハンコック、近所のニュージャージー州ニューアークから来たウェイン・ショーター、やはりニュージャージー州のプレインフィールドから来たビル・エヴァンス、フィラデルフィアから来たジョン・コルトレーンやマッコイ・タイナーやマイケル・ブレッカー、アレンタウンで生まれてボストンの音楽大学へ出てきたキース・ジャレットなどのニューヨークでの青春の日々とともに、彼らの30歳までのアルバムを紹介していきたい。

もちろん彼らのすべてがずっとニューヨークにとどまっていたわけではない。マイルスもハービーもウェインも、レジェンドの域になってからは気候のいい西海岸へ移っている。ウェインはロサンゼルスからさらにフロリダに移った。チック・コリアもフロリダで暮らした。しかし、勝負していた若い時代はニューヨークだ。

若いエネルギーが爆発した『フォア&モア』

今、この本を書きながら、マイルス・デイヴィス(トランペット)の『フォア&モア』を聴いている。いうまでもなくマイルスの名盤の一つで、1964年2月12日にニューヨークのリンカーン・センターにあるフィルハーモニック・ホール(現デイヴィッド・ゲフィン・ホール)で行われた。ルイジアナ州とミシシッピ州の黒人選挙権獲得運動の慈善コンサートの録音だ。

1960年代はマイルスの黄金時代。『フォア&モア』は、1926年にイリノイ州オールトンで生まれた彼の37歳のときの演奏。30歳までの音楽という本書の定義からはずれていると言われそうだが、このギグはハービー・ハンコック(ピアノ)が23歳、トニー・ウイリアムス(ドラムス)が18歳、ロン・カーター(ベース)が26歳、ジョージ・コールマン(テナーサックス)が28歳という若いメンバーによるクインテット。今ではレジェンドといわれている音楽家たちの青春時代だ。

収録曲は「ソー・ホワット」「ウォーキン」「セヴン・ステップス・トゥ・ヘヴン」など

6曲。ハービーもロンも現在とは比較にならないほどラウド。火を噴くような演奏が続く。

「あんなにラウドな演奏をやっていたなんて、自分自身信じられない」

ロン・カーターにインタビューしたときに、彼も語っていた。1998年のニューヨーク、西53丁目にあるスタジオ・アヴァタで会ったときだった。ここはかつて、パワー・ステーションという名前だったスタジオ。キース・ジャレット、マイケル・ブレッカー、パット・メセニー、上原ひろみも録音に使っている。ロック系では、ジョン・レノン、ブルース・スプリングスティーン、ボン・ジョビも使用した。

年齢を重ねたロンは、落ち着いたたたずまいでボサノヴァを録音していた。

『フォア&モア』はライヴ録音で、この日のギグから2枚の名盤が生まれている。『フォア&モア』と『マイ・ファニー・ヴァレンタイン』だ。

「ソー・ホワット」や「セヴン・ステップス・トゥ・ヘヴン」のようなアップテンポで演奏されたナンバーは『フォア&モア』に、「マイ・ファニー・ヴァレンタイン」や「星影のステラ」などバラード曲はもう一枚の『マイ・ファニー・ヴァレンタイン』に収録された。たとえば『フォア&モア』の「ソー・ホワット」は、スタジオ録音した『カインド・オブ・ブルー』よりもスピード感がある。

そして同じステージでの演奏でありながら、『フォア&モア』からは若いエネルギーを感じ、『マイ・ファニー・ヴァレンタイン』からは自由が感じられる。

独創的なトニー、頼れるロン

1962年の暮れまで、マイルスはジミー・コブ（ドラムス）、ポール・チェンバース（ベース）、ジミー・ヒース（テナー・サックス）、ウィントン・ケリー（ピアノ）、J・J・ジョンソン（トロンボーン）のセクステッドでツアーをしていた。その少し前には、ジョン・コルトレーンやソニー・ロリンズなども参加していた。主に同世代の音楽家と一緒にやっていたわけだ。

しかし同世代の仲間たちには、自分の曲を演奏し、グループを持ちたくなる時期が訪れていた。マイルスは新しいメンバーを集めなくてはならなかった。そこで1963年、若いトニー、ロン、ハービーに声をかけ、自宅に呼び、セッションさせる。

「三人はやって来て、その後の数日間、毎日練習した。オレは、ミュージック・ルームや家中に巡らせたインターコムを通じて、ずっと聴いていた。彼らのサウンドは、もう良すぎるくらいだった」

『完本 マイルス・デイビス自叙伝』（マイルス・デイビス他著、中山康樹訳、宝島社。以下『マイルス・デイビス自叙伝』と表記）のなかでマイルスはふり返っている。

「マイルス宅でのリハーサルは三日間続いた。私たちは演奏し、コード進行を掘り下げ、互いのスタイルを確認し合った。マイルスは気が向いたときに姿を現した。三日目になり、マイルスは地下に下りてきて、私たちと一緒に数曲を通しで演奏した。そして彼は〝よし、これで終わりだ。火曜日に三十一丁目スタジオに来い〟と言い、階段に向かった」

ハービーも『ハービー・ハンコック自伝 新しいジャズの可能性を追う旅』（ハービー・ハンコック著、川嶋文丸訳、DU BOOKS。以下『ハービー・ハンコック自伝』と表記）で述べている。

1940年にイリノイ州のシカゴで生まれたハービーは1961年に、本気でジャズを演奏するためにニューヨークに移った。そしてサックス奏者、エリック・ドルフィーのサイドマンとして経験を積み、マイルスのバンドに参加するチャンスを得る。

そうして録音されたアルバムが『セヴン・ステップス・トゥ・ヘヴン』だった。

このレコードでマイルスは、前半3曲はフランク・バトラー（ドラムス）やヴィクター・

フェルドマン（ピアノ）らとロサンゼルスで録音。後半3曲は、ハービーやトニーら新メンバーで、ニューヨークで録音。新メンバーによるアルバム4曲目の「ソー・ニア、ソー・ファー」の導入からは前の3曲とはまったく違う音の輝きが感じられる。

この時期のトニーについて、ハービーは次のように絶賛している。

「トニーは驚くべき才能の持ち主だった。彼はまったく独創的なやり方でドラムスを演奏した。その若さで、完全に自分の能力に自信をもっていたのだ。まれに楽器を演奏しながら生まれてきたのではないかと思わせるミュージシャンがいるが、トニーはまさにそんな男のひとりだった。彼のプレイは見るのも聴くのも魔術のようだった。エネルギーと創造性があふれ出ていた」（『ハービー・ハンコック自伝』より・以下同）

トニーはまだ17歳。まさに青々とした年齢だった。

ロンに対してもハービーは信頼を置いていた。

「ロンは美しいトーンと完璧なタイミングでベースを演奏した。手際がよく頼りがいのあるロンは私たちをリードし、演奏に集中させた」

ハービー、トニー、ロンはマイルスのクインテットでのギグの後、深夜まで自分たちの演奏を分析していたそうだ。

「マイルスは私たちのプレイについて、ほとんど何も言わなかった。彼は私たちが訊かないかぎり、指示や忠告を与えなかった。その代わりに、彼はよく意味不明の言葉を発した。それはまるで私たちが解かなくてはいけない謎のようだった」

その答えを見つけるために、3人は深夜のセッションを行っていたわけだ。

アコースティックは水彩画。エレクトリックは点描画

ピアニストとしてのハービー・ハンコックの魅力は、人間味ある温かいタッチや音符と音符の間のスペースでも音を感じさせてくれることだろう。そして演奏家としてだけではなく、作曲家として、プロデューサーとして、音楽そのものを楽しませてくれる。

だからこそ、ジャズにエレクトリックを取り入れてジャズファンクの傑作『ヘッド・ハンターズ』をつくり、世界に先駆けてDJのスキラッチを取り入れた「ロック・イット」も大ヒットさせた。巨匠ミケランジェロ・アントニオーニ監督の『欲望』やアカデミー作曲賞を受賞した『ラウンド・ミッドナイト』など、サウンドトラックでも成果を上げている。そのとき自分が行っているジャズに集中しつつも、若いころから音楽を俯瞰できるア

ーティストだった。

1962年に代表曲「ウォーターメロン・マン」を収録した初リーダー作『テイキン・オフ』をリリースし、マイルスのクインテットで演奏していた時代は、ほぼアコースティック・ピアノを演奏し、音数は今よりも多い。

ハービーには、何度もインタビューするチャンスがあった。

最初は1998年リリースのアルバム『ガーシュウイン・ワールド』のとき。2001年の『FUTURE 2 FUTURE』の来日時は張り付き取材をした。スティングやスティーヴィー・ワンダーやクリスティーナ・アギレラらが参加し、音楽のジャンルの壁を超えた2005年の『ポシビリティィズ』のときもインタビューし、ライナーも書かせていただいた。2007年の『リヴァー～ジョニ・ミッチェルへのオマージュ』のときは、第50回グラミー賞「年間最優秀アルバム」賞の受賞をお祝いするインタビューになった。

インタビューの場で、アコースティック・ピアノとデジタルのキーボードについて、ハービーは興味深い話をしてくれた。

「音楽に限らず、僕はエレックトリックの技術が好きだ。だから時間があれば、朝から夜までエレクトリックなものをいじっている。ただし、アコースティック・ピアノはシンセサイザーが出せる音よりもすぐれている。シンセサイザーは進歩しているけれど、アコースティックのレベルにはかなわない」

ハービーによると、アコースティックには、エレクトリックには届かない領域の音があるという。

「アコースティックの音はエレクトリックよりも温かいと言うよね。なぜなのか——。アコースティックは、たとえると絵筆で描いた水彩画で、エレクトリックは点描画じゃないかと僕は思う。近くで見ても離れて見ても、水彩画は絵画だ。でも点描画を近くで見たら、点でしかない。それに近いことが音楽にも当てはまるんじゃないかな」

このようにハービーはアコースティックへの思いを語っていた。

ハービーの青春時代は、アコースティックが中心だった。20代のハービーは現在とは比較にならないほどたくさんの音を弾いている。

『エンピリアン・アイルズ』のフレディ・ハバード

音数について、マイルスのクインテットに参加したばかりの時期のハービーには迷いも多かった。

「初めのうち、私は張り切りすぎた。マイルスに私ができることを見せようとして、必死になりすぎたのだ」(『ハービー・ハンコック自伝』より・以下同)

当時のハービーは、音に空白をつくることが苦手だったようだ。

「マイルスがイントロを演奏するときは、彼のバックで、装飾音や分厚いコードでスペースを埋め、多くの音を使って弾いていた」

ときおりマイルスがピアノに近寄り両手を切るしぐさをしたが、ハービーはそれをマイルスの癖だと思っていた。しかし、メッセージだった。

演奏に行きづまったハービーが曲をふくらませる方法をたずねると、マイルスは即答する。

「だったら何も弾くな」

演奏しているとき、音を出しているときだけが音楽ではない。弾いていない、音を出していないスペースも音楽。そのときのアドバイスがその後のハービーの音楽の方向性に大きく影響しているのではないか。

マイルスのクインテットで演奏しながら、20代のハービーは自分のアルバムも録音している。初リーダー作の『テイキン・オフ』、トニー、ロン、フレディ・ハバード（トランペット）との『エンピリアン・アイルズ』や『処女航海』、そして『スピーク・ライク・ア・チャイルド』……などだ。

これらのアルバムを聴くと、20代のハービーの進化のプロセスを音で体験できる。

初リーダー作『テイキン・オフ』の録音が決まったとき、ハービーは人種差別の激しいアメリカの南部ではなく、北部の都会、シカゴで生まれ育ったアフリカ系アメリカ人である自分だからこその音楽にしたいと考えた。

幼いころ、１９４０年代に自分が体験した環境をふり返ったときによみがえったのは、荷車を曳きやってくるスイカ売りのいる風景だった。

客を集めるために叫ぶスイカ売りの声は、しかし音楽的ではなかった。でも、スイカ売りを呼び止める女性の声はとてもメロディアスに響いた。この声がハービーの頭のなかでリフレインした。それをモチーフに「ウォーターメロン・マン」を作曲する。

この曲はシングルになり、キャッチーなフレーズが受けて、アルバム『テイキン・オフ』はチャートを上昇した。

ジャズに限らないが、音楽家のデビュー作には名盤が多い。一作目には音楽を始めてから世に出るまでの人生の体験や思いがたっぷりとつまっているからだろう。それに、デビューしたときには、その後もアルバムをつくれるという保証はない。だから、長い間やりたかったことを一枚に全部詰め込む。ハービーの『テイキン・オフ』もそうした一枚かもしれない。

『エンピリアン・アイルズ』と『処女航海』は、マイルスのクインテットで鍛えられ、音楽的な結束も育まれたトニー、ロン、ハービーとのセッション。トランペットがマイルスから20代のフレディ・ハバードに替わっただけで、バンド全体のサウンドが大きく違うところがおもしろい。

『エンピリアン・アイルズ』はハービーのリーダーアルバムだが、フレディの演奏もすさまじい。トランペットのソロを聴くだけでも価値のあるアルバムだ。フレディに圧倒されたのか、マイルスの「何も弾くな」というアドバイスに忠実に従ったのか、ハービーは途中で演奏の手を止めることすらある。明らかにフレディを尊重している。

黄金のクインテット

マイルスのクインテットは、『フォア&モア』と『マイ・ファニー・ヴァレンタイン』が録音された1964年に、サックスのジョージ・コールマンがバンドを去り、サム・リヴァースが参加。そのサムも短期で離れ、『マイルス・イン・ベルリン』からウェイン・ショーターが参加。〝黄金のクインテット〟と言われるメンバーになり、マイルスの絶頂期が訪れた。

「ウェインはコンポーザーとしてもプレイヤーとしても並外れていた。彼の心の動きは私の知っているどんな人間とも違っていた。おまけに彼には遊び心と好奇心があり、それが彼の音楽から滲み出ていた。ウェインは慣習や経験を打ち破ることを恐れなかった」

このように、ウェインのことをハービーは自伝でも最大限の称賛をもって語っている。

ウェイン・ショーターには、二度インタビューするチャンスに恵まれた。一度目は1999年の5月。断られることを覚悟の上で取材を申し込むと「自宅に来てくれるならば時間をつくろう」と、快諾を得た。当時ウェインはロサンゼルスのハリウッド、スタジオシティという街で暮らしていた。

インタビューの日のLAが大変な賑わいだったことを覚えている。前日、ハリウッドで『スター・ウォーズ エピソード1／ファントム・メナス』が世界に先駆けて公開され、ダース・ベイダーやオビ＝ワン・ケノービなどスター・ウォーズのキャラクターたちの姿をしたスター・ウォーズファンが街にあふれていた。

ウェイン宅は木造2階建て。1階に仕事部屋があり、デトロイトのオーケストラのために作曲をしていた。仕事部屋には天井まで届くラックが置かれ、映画のレーザーディスクがぎっしりつまっていた。

膨大な量の映画ソフトに圧倒されていると、ウェインは1948年の映画『赤い靴』について話し始めた。子どものころ、大好きだったそうだ。

「主人公はヴィクトリア・ペイジというバレリーナ。すごく美しい映画で、美術監督がアカデミー賞を受賞したと思う。ヴィクトリアはバレエの『赤い靴』に出演して大成功を収めるけれど、人間関係に苦しんで疲れ果てて死んでいく。とても悲しい物語だよ。あの映画のサウンドトラックが僕は大好きでいつも聴いていた」

少年時代のウェインは音楽の道に進むことはまったく考えていなかったという。音楽はあくまでも趣味として楽しんでいた。そのせいで、楽器を始めたのも遅い。16歳のときにクラリネットを手にしたという。

「サックスを演奏したのはニューヨーク大学に入ってからだった。学費を捻出するために、週末にナイトクラブで吹き始めたんだ。そして、作曲も始めた」

それでも、ウェインは音楽の道へ進もうとは考えなかった。音楽に魅力を感じなかったらしい。

「ニューヨーク大学は、学生に音楽家になることを勧めない学校でね。音楽の勉強をするのは、自分が音楽家になるのではなく、音楽教師になるためという考え方だった。子どもたちの音楽教育を行うべきだと言われていた。でも、僕は教育者に興味を覚えなかった。僕は音楽を楽しみたかったんだ」

そんなウェインの心に変化があったのは、大学を卒業して軍隊に入ってからのこと。ジョン・コルトレーンの演奏を聴いたのがきっかけだった。

ウェインとコルトレーン、デビュー前の邂逅

「僕の隊がワシントンDCに滞在していたとき偶然入ったクラブで、マイルスのバンドが演奏していた。シンガーはアビー・リンカーン。サックスがコルトレーンだった。コルトレーンのテナーは素晴らしかった」

後にマイルスの黄金のカルテットで大ブレイクしたウェイン。いわゆる〝マイルス・デイヴィス学校〟の優秀な門下生だった。しかし、音楽家になるきっかけはコルトレーンらしい。マイルスのバンドのサイドマンとしてのコルトレーンの音を聴いたウェインは、本気でサックスを演奏するようになる。

ウェインは除隊後、今度は逆のパターンでコルトレーンと再会する。ニューヨークのクラブでウェインが演奏していると、そのクラブにコルトレーンが聴きにきていた。

「僕がホレス・シルヴァーたちと演奏していたときだった。ファースト・ショーとセカンド・ショーの間に知り合いの女性がやってきて、私のパートナーを紹介したいと言われたんだ。それがコルトレーンだった」

感激したウェインはコルトレーンを自宅に招き、サックスとピアノで夜が明けるまでセッションを続けたという。

「コルトレーンはそのときはまだマイルスのクインテットにいた。でも、まもなくやめて、自分のバンドで活動をするという。そして、後任に僕をマイルスに推薦してくれた。ところが残念ながらスケジュールの調整がつかなくて、僕はアート・ブレイキー&ザ・ジャズ・メッセンジャーズに入ったんだ」

このときのことはマイルスの自伝にも残されている。

1959年(1960年という記述もある)で、ヨーロッパツアーに出る前、自分のもとを離れて自分のリーダーバンドで活動しようとしているコルトレーンをマイルスは不快に感じていた。そのタイミングでウェインから電話があったので、マイルスの怒りは沸点に達しガチャンと切ってしまう。

ときをおいて冷静さを取り戻したマイルスからウェインに電話をすると、ウェインはすでにザ・ジャズ・メッセンジャーズに音楽監督として参加していた。アート・ブレイキーは、若きウェインの能力を十分に理解していたのだろう。

その結果、ウェインがマイルスのクインテットに参加する時期は遅れた。ジャズ史における最高のグループの一つ、マイルス、トニー、ロン、ハービー、ウェインによる黄金のクインテットの誕生は1964年まで待たなくてはならなくなった。このときウェインは31歳。本書における青の定義である30歳を過ぎている。

王道のジャズ『イントロデューシング・ウェイン・ショーター』

コルトレーンと交流し、マイルスのクインテットに参加するまでの20代後半期、ウェインはリーダー作『イントロデューシング・ウェイン・ショーター』でアルバムデビュー。続けて『セカンド・ジェネシス』『ウェイニング・モーメンツ』も録音している。

ウェインは1933年にニュージャージー州ニューアークで生まれた。ニューヨークのマンハッタンからハドソン川を渡り、列車で40分ほどの街だ。ニューアークやニューヨークでは、すでにテナー・サックスの名手としてウェインの名前は知れ渡っていた。ウェインは2023年に89歳で永眠するまで、テナーとソプラノ・サックスによって、映像的・物語的な音楽を展開した。

しかし20代の作品では、ストレート・アヘッドな王道のジャズを聴くことができる。

1959年に録音された初リーダー作『イントロデューシング・ウェイン・ショーター』のメンバーは、ジミー・コブ（ドラムス）、ポール・チェンバース（ベース）、ウィントン・ケリー（ピアノ）、リー・モーガン（トランペット）。1950年代のマイルスのグループのリズムセクションに支えられて演奏している。

20代のウェインがマイルスの録音に参加した音も残されている。1962年のマイルスのアルバム『ファセッツVol.1』収録の「ブルー・クリスマス」だ。この曲のリズムセクションも、ジミー・コブとポール・チェンバースだった。

ウェインへの二度目のインタビューは2001年8月。新潟・長野の斑尾で開催された「ニューポートジャズフェスティバルin斑尾 2001」のときに、宿泊する斑尾高原ホテルで会うことができたのだ。

一度目のインタビューの後、ずっとウェインに確かめたいことがあった。それは自宅の仕事部屋のラックにあった映画のソフトについて。少年時代のウェインは、映画の仕事に就きたかったのではないか。そんな疑問がくすぶっていた。

インタビュー中、ウェインは『赤い靴』の話をしていた。実は1986年の映画『ラウンド・ミッドナイト』の劇中でも、ウェインは同じ話をしている。

ベルトラン・タヴェルニエ監督の『ラウンド・ミッドナイト』はピアニスト、バド・パウエルをモデルにしたジャズ映画。親友のハービー・ハンコックが音楽を担当したこともあり、ウェインもジャズ・ミュージシャンとして出演している。劇中の台詞にするほど、『赤い靴』には思いがあるのだろう。

ハリウッドの自宅でのインタビューでは「音楽でスター・ウォーズのような壮大な物語を描きたい」とも語っていた。実際に1990年代以降、ウェインの音楽は年々映像的になっている。

「僕が映画の仕事をしたかったか？　その質問に対する僕の回答はYESだよ」

斑尾でウェインは答えた。

「子どものころ、僕は映画の仕事に就きたかったけれど、あの時代の映画界はアフリカ系アメリカ人にとっては狭き門だった。アメリカの映画界で黒人が注目されるようになったのはシドニー・ポワチエが主演した1967年の映画『夜の大捜査線』からだよ」

1950年代、20代だったウェインは、コルトレーンとの出会いにも恵まれ、仲間の多い音楽の世界に身を投じた。

「だから、僕は今でも映像にこだわっている。音楽で映像が感じられるような物語を描きたい。永遠に続くストーリーのような音楽を演奏したい」

16歳でクラリネットを始めたウェインが楽器をサックスに持ち替えたのも、映像への思いがあったからだという。

「サクソフォンという楽器がどのようにして誕生したかは知っているかい？」

ウェインに逆に質問された。

答えられないでいると、ていねいに教えてくれた。

「ベルギーの楽器製作者、アドルフ・サックスが、トランペット、ストリングス、木管楽器、肉声……を一つの楽器で、オーケストラのように響かせられないだろうか——工夫に工夫を重ねて生み出したのがサクソフォンだった。だから、僕はサックスを選んだんだよ」

映像や物語を描くような音楽をつくるために、ウェインにはサックスが必要だった。

「11歳のころから、僕は冒険者でありたいと思い続けてきた。冒険は、イコール人生で、人生はイコール音楽になった。そのためにサックスが必要だった。僕の音楽は僕自身が監督で、主人公で、プロデューサーの物語なんだよ」

このような映像への強い思いが、ウェイン・ショーターだけの音楽を生み、彼をレジェンドにした。

若きコルトレーンの代表作『ブルー・トレイン』

「オレには、必要なものがすべて揃っていた。オレがこのバンドのインスピレーションであり、知恵であり、つなぎ役だとしたら、トニーは創造的なひらめき、火花で、ウェインはアイディアの源泉で、いろんなアイディアに形を与え、ロンとハービーは全体をまとめていた。オレは、全員を一緒にしただけの、ただのリーダーだった。みんな若くて、オレから学んでいたが、オレだって新しいこと、例えばフリーなアプローチなんかを彼らから学ぼうとしていた。ずっと立派なミュージシャンでありつづけたいなら、新しいこと、その時に起こりつつあることに対して、オープンじゃないといけない」

黄金のクインテットについて、このようにマイルスは自伝で語っている。

クインテットのメンバーは、後に全員がリーダーアルバムをつくり、自分のグループを率い、レジェンドとなった。トニーは51歳で他界しているが、ウェイン、ハービー、ロンは半世紀以上ジャズ界の第一線で音楽を続けている。

黄金のクインテットのなかで、ウェインだけは参加したときにすでに30代を迎えていた。

大学に通い、軍隊に入っていたため、その分年齢を重ねていた。そのため、30歳までのリーダー作は3枚だけ。

ウェインがマイルスのクインテットに参加するきっかけをつくったレジェンド、ジョン・コルトレーンも、30歳までのリーダー作は『コルトレーン』『ジョン・コルトレーン・ウィズ・ザ・レッド・ガーランド・トリオ』『ブルー・トレイン』の3枚。しかも、うち1枚はレッド・ガーランドのピアノ・トリオとの共同名義の作品だ。

ノースカロライナ州出身でマイルスと同じ1926年生まれのコルトレーンは下積み時代が長く、初リーダー作を録音したときにはすでに30歳。しかも早逝。1967年に、40歳でこの世を去っている。肝臓がんだった。サイドマン時代を除くと、約10年しか活動していない。その10年で数々の名演奏を残し、この世を去った。

30歳までのコルトレーンの作品で聴くべきアルバムは、コルトレーン初期の代表作とも言われている『ブルー・トレイン』だろう。メンバーは、〝フィリー〟ジョー・ジョーンズ（ドラムス）、ポール・チェンバース（ベース）、リー・モーガン（トランペット）、カーティス・フラー（トロンボーン）、ケニー・ドリュー（ピアノ）。マイルスのリズムセクションが土台を支えるセクステッドだ。

収録しているのは全5曲。そのうち「ブルー・トレイン」「モーメンツ・ノーティス」など4曲をコルトレーンが作曲している。聴きどころは3本の管楽器の共演。一曲目の「ブルー・トレイン」は、3管のユニゾンからコルトレーンがテナーのソロを吹きまくる。

この時期のコルトレーンは、自分のリーダーグループを持ちたい気持ちを抑えてマイルスやセロニアス・モンクのもとで演奏していた。そのタイミングで録音したアルバムであり、自由に演奏する喜びがその音から感じられる。

青の時代のコルトレーンの音ならば、マイルスのもとで演奏していたアルバムも聴くべきだろう。コルトレーンがマイルスのバンドに在籍した時期は、アルバムでいうと『マイルス・ザ・ニュー・マイルス・デイヴィス・クインテット』から30歳の『ラウンド・アバウト・ミッドナイト』を経て、1959年に録音されたジャズ史の金字塔、『カインド・オブ・ブルー』までだ。

マイルスのグループにコルトレーンが参加したのは1955年。本書では青の時代を30歳までと定義しているので、2年くらいがマイルスとコルトレーンとの青春時代ということになる。

前述のとおりマイルスとコルトレーンは同年齢だが、二人が一緒にツアーをまわり録音を行うようになった1955年の時点で、マイルスはすでにジャズ界でビッグネームになっていた。一方、コルトレーンはマイルスやモンクやディジー・ガレスピーがリーダーのバンドのサイドマンだった。

当時、マイルスのギグでは、ソニー・ロリンズが主にテナー・サックスを演奏していた。客席もソニーの演奏を楽しみにしていた。

「ほとんどの連中が、バンドのテナーにはソニー・ロリンズを期待していたと思う。セントルイス辺りじゃ、ジョン・コルトレーンなんて知ってる奴はいなくて、トレーンが吹くまで、連中はがっかりしていた。トレーンがほとんどの連中をノックアウトしてもまだ、気に入らなかった奴もいたみたいだ。ソニーがレキシントンからニューヨークに戻ってきた頃には、トレーンはバンドで重要な位置を占めていた」（『マイルス・デイビス自叙伝』より・以下同）

この時期、ソニー・ロリンズはヘロインへの依存を断つために音楽活動を休止。自らの意思でケンタッキー州レキシントンの連邦医療センターで治療を受けている。その間に、マイルスのバンドではコルトレーンが圧倒的な演奏を行うようになっていた。

「もともとはソニーのためにとってあった場所に、すっかり落ち着いていた。おまけにトレーンはますますすごくなって、偉大なスタイルを持っていたソニーでさえ、トレーンに影響されてしまうくらいだった」

この時期から、ライバルであり、おたがいをリスペクトする関係だったコルトレーンとソニーは刺激し合い、切磋琢磨することで、レベルアップしていく。

「トレーンを聴いたソニーは、自分のスタイルを変えることを強いられて、また雲隠れしてしまった。彼は、誰からも邪魔されずに練習したくて、何度かブルックリン橋まで吹きにいっていたそうだ」

大きな体軀で迫力あるブロウを聴かせるその姿に似合わず神経が繊細で知られているソニーは、演奏に行きづまると姿を消す。そして、ニューヨークのブルックリン橋やウィリアムズバーグ橋で、一人で練習をしていた。ウィリアムズバーグ橋で鍛錬した3度目の失踪の後には『橋』という名盤を録音している。

モダン・ジャズを象徴する『サキソフォン・コロッサス』

1950〜1960年代のジャズ・シーンで、コルトレーンと双璧といえるレジェンド、ソニー・ロリンズの青の時代にも触れておきたい。

1930年、ニューヨーク州ニューヨークで生まれたソニーは、あらゆる面でコルトレーンとは対称的だった。

高い技術に裏打ちされたコルトレーンの演奏は、どんなラインでも縦横無尽に疾走するような演奏と言えるだろう。

それに対しソニーは、力強くブロウする。

コルトレーンが30歳で初リーダー作を録音しているのに対し、ソニーは20歳でマイルスと出会い、その年には初リーダー作『ソニー・ロリンズ・ウィズ・ザ・モダン・ジャズ・カルテット』を録音し、若いときから、ニューヨークのジャズ・シーンでその名が知れ渡っていた。

コルトレーンは40歳で早逝。一方ソニーは若いころにドラッグをやりまくっていたにもかかわらず長命で、2023年9月には93歳の誕生日を迎えた。

そんなソニーの30歳までの作品からは、3枚紹介させていただきたい。

まずは、1956年録音の『サキソフォン・コロッサス』。これはソニーの青春時代というよりも、ソニーのオールタイムの代表作であり、モダン・ジャズを象徴するアルバムといっていいだろう。

このアルバムは「セント・トーマス」で始まる。この曲はソニーの故郷であるカリブのリズムをジャズに取り入れている。あまりにもキャッチーなメロディ。一度聴いたらフレーズを覚えてしまう。メンバーは、マックス・ローチ（ドラムス）、ダグ・ワトキンス（ベース）、トミー・フラナガン（ピアノ）、そしてソニーのテナー・サックス。

次にあげるのは、やはり1956年録音の『テナー・マッドネス』。アルバム一曲目のタイトルチューンのブルース曲「テナー・マッドネス」ではコルトレーンと共演している。二人の正式な録音として残っている唯一の共演曲だ。

管楽器の音は、プレイヤーの肉声だ。楽器が呼吸器と連結して身体を響かせて鳴る。この曲からは、ソニーの〝声〟とコルトレーンの〝声〟の違いがよくわかる。二人の若いテナー奏者の音は、二人のシンガーであるかのように歌いまくる。メンバーは〝フィリー〟ジョー・ジョーンズ（ドラムス）、ポール・チェンバース（ベース）、レッド・ガーランド（ピアノ）。当時のマイルスのバンドのメンバーだ。

3枚目は、1957年にニューヨークの7番街にある名門、ヴィレッジ・ヴァンガードでのギグを録音したライヴ盤『ヴィレッジ・ヴァンガードの夜』。この日は、午後と夜、2

セットが行われている。昼の部は、ピート・ラ・ロカ（ドラムス）、ドナルド・ベイリー（ベース）とのトリオ。夜の部は、エルヴィン・ジョーンズ（ドラムス）、ウィルバー・ウェア（ベース）とのトリオ。30歳のときのエルヴィンの演奏を聴くこともできる。昼から1曲、夜から5曲が収録された。

この日はソニーのコンディションがよかったのか。トリオの呼吸が合ったのか。客層がよかったのか。とてもスリリングな演奏を楽しませてくれる。圧巻はアップテンポで演奏される「チュニジアの夜」。ソニーはエネルギッシュに吹きまくる。エルヴィンの熱量も高い。

20代でこれだけ多くの良質のリーダー作を録音してきたソニーは順風満帆の音楽家のキャリアに感じられる。しかし、本人に聞くとつらいことも多かったようだ。

貧しさとの闘いでもあったレジェンドたちの青春

ソニー・ロリンズには一度だけインタビューできた。１９９９年10月、場所はニューヨーク西52丁目のスタジオ・インストゥルメンタル・レンタルズ。２００５年にクローズしたが、ブルース・スプリングスティーンやスティングやキッスなどロックのアーティストがツアー前にリハーサルを行っていたスタジオだ。

当時69歳だったソニーは、大きな身体を左右に揺らしながら徒歩でやってきた。本人いわく、妻が厳しく、外出はなかなか許されないらしい。ただその週は妻が旅行中で、自由を手に入れ、インタビューにも応じられたと笑っていた。

スタジオはがらんとしていて誰もいなかった。そこにソニー自らパイプ椅子を運び、インタビューする環境を作ってくれた。

1950年代のニューヨークのジャズ・シーンについて聞くと、意外なリアクションだった。

「あのころ、ジャズはそんなに認められていなかった。ビジネスとしても成立していなかった。ジャズに興味を持っている人なんて、ほとんどいなかったよ」

ソニーは自分の若いころを話し始めた。

「1950年代のニューヨークのジャズ・シーンは、君たち日本人が思っているようなきらびやかなものではなかった」

1950〜1960年代はジャズが盛んに聴かれていたわけではないのか――。

「僕たちはニューヨークのとても小さなグループで活動していた。そのグループのなかではみんなが仲間で、家族で、友人だった。ジャズは評価されていなかったから、小さな共同体のなかでは力を合わせて、外の世界と対立して生きていた。その共同体のなかに、マイルス・デイヴィスがいて、セロニアス・モンクがいて、ジョン・コルトレーンがいて、僕もいた。マイルスともコルトレーンとも一緒に苦しんで感情を分かち合っていた」

質の高い演奏はした。質の高いアルバムも録音した。しかし、経済的にはいつもカツカツだったという。

「考えてほしい。100人、200人しか入らない小さなジャズクラブで毎夜演奏していたんだ。客が一人もいない夜もあった。ギャラをもらえないことも珍しくなかった。食べるものもないのにドラッグはやって、たくさんの仲間が若くして死んでいった」

ソニーの青の時代はつらい思い出のほうが多いらしい。そんな環境のなかで『サキソフォン・コロッサス』『テナー・マッドネス』『ヴィレッジ・ヴァンガードの夜』を録音した。

それでもソニーは長く生き、自分の作品の評価を知ることができたことに幸せを感じているという。

「コルトレーンやモンクを僕は心からリスペクトしている。彼らは偉大な音楽家として伝説になっている。しかし、この世にはいない。コルトレーンもモンクも、音楽的に評価されたのは、彼らがこの世を去ってからだ。生きているうちには、アメリカでは一部にしか認められていなかった。今、セロニアス・モンクの財団があるよね。ウェイン・ショーターやハービー・ハンコックが審査をして、すぐれた若いミュージシャンを称《たた》えて、チャンスを設けている。でも、モンクはそんな素晴らしい財団ができることなど知らずに、貧しいままあの世へ行ってしまった」

青春時代は必ずしもきらきらと輝いているわけではない。厳しい環境のなかで音楽をつくり、自分の成功を知らないまま永眠したアーティストは少なくない。その現実をソニーに教えられた。

長く生きているソニーは、世界中のリスナーからその音楽を称賛されている。それでも、肌の黒さゆえ不愉快な体験をすることはあるという。

「空路で移動する際、客室乗務員に不思議そうな表情をされる。黒人がファースト・クラスのシートにいることに驚くのだろう。そういう扱いには慣れたけれどね」

ビリー・ホリデイ「奇妙な果実」のリアル

ソニー・ロリンズの話を聞いて、思い出した本がある。1971年に出版された『奇妙な果実 ビリー・ホリデイ自伝』（ビリー・ホリデイ著、油井正一／大橋巨泉訳、晶文社）だ。〝レディ・デイ〟と言われ世界最高のジャズ・シンガーの一人とされているビリー・ホリデイだが、彼女も苦難の日々を送った。

ビリーはソニー・ロリンズやマイルス・デイヴィスより一つ上の世代のジャズ・シンガーで、1915年にペンシルベニア州フィラデルフィアで生まれている。そのとき父親は15歳。母親は13歳。子どもが子どもを産むようなものだった。

父親のクレランス・ホリデイはギター奏者で一年中旅に出かけ、母親のサディ・フェイガンはニューヨークの売春宿で身体を売って暮らしていた。10歳で40男に性的暴行を受けたビリーは、黒人であるがゆえ合意とみなされ、しかも感化院に入れられ、小学校も卒業していない。

やがて、ビリーもニューヨークへ。母親の売春宿で働き、ロング・アイランドの娯楽場で歌うようになる。

ジャズ史に残る「奇妙な果実」を録音したのは1939年。ビリーは24歳になったばかりだった。歌詞を書いたのは、ルイス・アレンという高校教師。リンチを受け木にぶら下げられた黒人の死体を〝奇妙な果実〟と表現した。

飛び出した眼球、苦痛にゆがむ口、容赦なく照り付ける太陽の熱で朽ちていく身体……。ルイスに詩を見せられ、ビリーは歌うことを即決した。父親のことだと感じたのだ。

ビリーの父、クレランスは1937年、演奏旅行中のテキサス州ダラスで肺炎になり、黒人であるがゆえどの病院でも診察を断られてこの世を去った。

「パパは奇妙な肺炎に侵された。今ならペニシリンで簡単に済むものだと思うが、当時は大変だった。睡ることもできず座ることもできず、町を歩きまわるか、室の床を踏み歩く外なかった。しかし肺炎が彼を殺したのではなく、テキサス州ダラスだったということが致命的原因となったのだ。彼は治療してもらうために、病院から病院へと歩きまわった。しかしどこも彼を入れてくれるどころか、熱さえ計ってくれなかったのだ」(『奇妙な果実　ビリー・ホリデイ自伝』より・以下『ビリー・ホリデイ自伝』と表記)

ビリーはふり返っている。

「その詩には、パパを殺したものがすべて歌い出されている様な気がした」(『ビリー・ホリデイ自伝』より)

「奇妙な果実」は同名のアルバム『奇妙な果実』中に収録されている。メンバーは、フランキー・ニュートン(トランペット)、タブ・スミス(アルト・サックス)、スタン・ペイン(テナー・サックス)、ケネス・ホロン(テナー・サックス)、ソニー・ホワイト(ピアノ)、ジョン・ウィリアムス(ベース)、エディ・ドーティー(ドラムス)など。

この曲のヒットによって、ビリーはアメリカだけでなく、ヨーロッパ各国でもギグを行うようになる。また1959年に44歳で永眠するまでに、オスカー・ピーターソン、レイ・ブラウン、チャーリー・パーカー、ディジー・ガレスピー、マイルス・デイヴィスなど世代の若いジャズ・ミュージシャンたちとの共演も実現させた。

若手時代のマイルスはニューヨークのクラブでビリーがステージに上がらないとき、いわゆるドタキャンのときの代役を務めていた。

「ビリーがグループのトランペッター、ジョー・ガイと結婚したばかりで、二人してヘロインでハイになったり、ずっとナニしていて、ステージに穴をあけることが多かったからだ。で、ジョーが現れないと、オレがでていったってわけだ」(『マイルス・デイビス自叙伝』

より・以下同）

ビリーだけ現れることもあり、そのときはジョーに替わってマイルスが彼女の伴奏を引き受けたという。マイルスにとっては特別に楽しいギグになった。

「ビリーはとても優しくて美しく、ものすごく創造的な人間だった。口元はきりりとしていて、白いくちなしの花をいつも髪につけていた。美しいだけでなく、セクシーだった。だが彼女は、クスリのせいで、かなり具合が悪かった。オレも同じだったから、よくわかった。それでもビリーは、一緒にいたくなるような人間だった」

当時のアフリカ系アメリカ人のジャズ・ミュージシャンは、ツアーを行うにも苦労が多かった。ビリーの父親が命を落としたテキサス州やジョージア州のような南部では差別が激しく、黒人は白人と同じレストランやトイレを使えず、ビリーは何時間もトイレに入れずに膀胱炎に苦しむこともあったという。

ソニー・ロリンズが言うように、1950～1960年代のアメリカのジャズ・シーンは、今音を聴くと黄金期に感じられるが、本人たちは苦しい時期だったのだろう。

ただしソニーが経済的にカツカツだった時期も、マイルスは潤っていたようだ。

マイルスとコルトレーン、黄金コンビの『ラウンド・アバウト・ミッドナイト』

「ジョン・コルトレーンが入ったオレのグループは本当にものすごかったから、オレとトレーンは、すぐに伝説的な存在になった。オレ達がプレスティッジ、それにジョージ・アバキャンがボブ・ワインストックと折り合いをつけてからコロムビアで作ったすばらしいレコードによって、オレは真に有名なミュージシャンになった。それだけじゃない、ジャズ・ミュージシャンの誰よりも高額と言われる、大金を稼ぐ道を歩みはじめた」(『マイルス・デイビス自叙伝』より)

ジョージ・アバキャンはコロムビア・レコードのプロデューサー、ボブ・ワインストックはプレスティッジ・レーベルの創設者でプロデューサーだ。

マイルスのクインテットは、ソニーがヘロイン依存の治療でニューヨークを離れたためにテナーはコルトレーンに替わった。

マイルスとコルトレーンがそろって青春時代だった1955年から1957年にかけて

の約2年で聴くべきアルバムは、1956年5月11日と10月26日の2日間で4枚分の曲を録音し〝マラソン・セッション〟と言われている『ワーキン』『スティーミン』『リラクシン』『クッキン』、そして『ラウンド・アバウト・ミッドナイト』だろう。

マラソン・セッション4枚のレーベルはプレスティッジ、『ラウンド・アバウト・ミッドナイト』のレーベルはコロムビアだ。

この年、マイルスは好条件でプレスティッジからコロムビアへ移籍することを決めていた。しかし、その時点でプレスティッジとの契約が残っていた。そこでプレスティッジ用に、二日で26曲を録音し、4枚のアルバムを制作する。この4枚がマラソン・セッションと言われている。メンバー全員が体力的にも充実している20代だからこそ実現した録音だったのかもしれない。

メンバーはマイルスとコルトレーン、〝フィリー〟ジョー・ジョーンズ（ドラムス）、ポール・チェンバース（ベース）、レッド・ガーランド（ピアノ）。

条件面での不満から袂《たもと》を分かつレーベルでの録音では手を抜きそうなものだが、4枚とも上質のアルバムだ。とくに『リラクシン』と『クッキン』は名作の域といっていいだろう。マイルスとコルトレーンの音楽家としての充実が、はっきりと音から感じられる。

『リラクシン』に収録されている曲「ユー・アー・マイ・エヴリシング」は、メロディを演奏するミュートの効いたマイルスのトランペットが、ダークでありながらふっくらと温かい。その後を引き継ぐコルトレーンのテナーは、リスナーの喉もとをぐいとつかむような迫力。バラード曲でありながら力強さがあり、それがこの曲を際立たせている。『クッキン』は一曲目のバラード曲「マイ・ファニー・ヴァレンタイン」からうっとりさせられる。ソニー・ロリンズ作の「エアジン」はエキサイティング。録音をしてツアーをして一緒に音を出し続けてきたからこその結束が感じられる。

1955年から1956年にかけて、マラソン・セッションとほぼ同じ時期に、同じメンバーで、コロムビア用に録音されたのが名盤『ラウンド・アバウト・ミッドナイト』だった。

セロニアス・モンクが作曲した「ラウンド・ミッドナイト」の演奏は、コルトレーンのテナー・サックスの低音の響きが、マイルスのミュートの効いたトランペットを盛り上げる。ジャズの〝帝王〟マイルスの音楽シーンでの高い評価を決定づけた、彼のキャリアの前半を象徴する名演奏になった。

最高峰のトランペット奏者、クリフォード・ブラウン

マイルスとコルトレーンがマラソン・セッションや『ラウンド・アバウト・ミッドナイト』を録音した1956年、若きレジェンドがこの世を去った。〝ブラウニー〟の愛称で親しまれたトランペット奏者のクリフォード・ブラウンだ。享年25。交通事故だった。バド・パウエルの弟でピアニストのリッチー・パウエルと妻のナンシーと雨の中フィラデルフィアからシカゴへ向かう途中で事故に遭い、3人とも帰らぬ人となった。

ブラウニーは、1930年にデラウェア州ウィルミントンで生まれた。技術、音色、マインド……などすべてにおいて最高といわれていた。このような人を天才というのだろう。チャーリー・パーカーも、ディジー・ガレスピーも、アート・ブレイキーも、誰もが20代前半のブラウニーを絶賛した。ブラウニーはドラッグもアルコールもやらなかったと伝えられている。当時のジャズ・シーンでは稀有な、クリーンな音楽家だった。

同じトランペット奏者で、自信家であることはもちろん、嫉妬深いとも伝えられている

マイルスですら、ブラウニーの演奏を大きく評価している。

「オレの意見じゃ、すべての若手トランペッターの中では、クリフォード・ブラウンがずば抜けて良かった」

そう自伝のなかで語っている。

「初めて彼を聴いたのは、ライオネル・ハンプトンバンドだった。オレはその時にもう、彼が大物になることがわかった。独自の演奏ができる奴だったから、長生きしていたら、もっとすごい、とんでもないトランペッターになっていただろう」(『マイルス・デイビス自叙伝』より)

ブラウニーは早逝したので、参加したアルバムのすべてが彼の青春時代だ。ドラマーのマックス・ローチとの録音が多いが、そのなかで一枚選ぶとしたら『スタディ・イン・ブラウン』ではないだろうか。

メンバーは、マックス・ローチ(ドラムス)、ジョージ・モロウ(ベース)、ハロルド・ランド(テナー・サックス)、そしてクリフォード・ブラウンのトランペット。「チェロキー」「A列車で行こう」などエネルギッシュで、エキサイティングで、何十年ものキャリアをもつ音楽家であるかのような技術を聴かせてくれる。「A列車で行こう」のエンディング、汽笛のようなトランペットは、1950年代の空気を感じさせてくれる。列車が駅に停まるようなマックス・ローチのロールも楽しい。

『ヘレン・メリル・ウィズ・クリフォード・ブラウン』の奇跡

ブラウニーの演奏でもう一枚、忘れてはいけないアルバムがある。1954年のヘレン・メリルの初リーダー作『ヘレン・メリル・ウィズ・クリフォード・ブラウン』だ。「ドント・エクスプレイン」も「ユード・ビー・ソー・ナイス・トゥ・カム・ホーム・トゥ」も、まるでシンガーが二人いるかのよう。〝ニューヨークのため息〟と言われるヘレンのハスキー・ヴォイスはもちろん、ミュートの効いたブラウニーのトランペットも肉声に聴こえる。奇跡的なアルバムだ。ヘレンのブレスの濡れた感じがなまめかしい。

このアルバムのプロデューサーはクインシー・ジョーンズ。1980年代にマイケル・ジャクソンの『オフ・ザ・ウォール』や『スリラー』、USAフォー・アフリカの『ウィー・アー・ザ・ワールド』のプロデュースを手掛ける世界的プロデューサーのキャリア初期の仕事だ。

1929年ニューヨーク州ニューヨーク市で生まれて2023年の7月に94歳を迎えたヘレンには、ニューヨークでも東京でもインタビューした。

最初のインタビューは1998年の暮れ。場所はニューヨーク東61丁目、五番街に面したラグジュアリー・ホテル、ピエールだった。

「25歳の私も若かったけれど、ブラウニーはもっと若くて24歳。クインシーは21歳。無名で、お金がなくて、奥さんとお嬢さんと3人で、陽の当たらない地下の部屋で暮らしていた。みんな小さなグループに属している仲間で、手を取り合って音楽をつくっていた。ブラウニーを起用したのはクインシーのアイディアだった。あのレコードを録音したときのメンバーはみんな本当の純粋さを持っていたと思う。素晴らしい作品をつくることしか考えていなかった。有名になりたい、お金をもうけたい、なんて誰一人として考えていなかった。だからこそ、特別な作品になった」

メンバーは、オシー・ジョンソン(ドラムス)、ボブ・ドナルドソン(ドラムス)、オスカー・ペティフォード(ベース、チェロ)、ミルト・ヒントン(ベース)、バリー・ガルブレイス(ギター)、ジミー・ジョーンズ(ピアノ)、ダニー・バンク(フルート)。そして、ブラウニーとヘレン。

2017年に87歳で引退するまで、ヘレンの代表作は『ヘレン・メリル・ウィズ・クリフォード・ブラウン』で、代表曲は「ユード・ビー・ソー・ナイス・トゥ・カム・ホーム・トゥ」であり続け、いわゆる〝一発屋〟のような言われ方もしてきた。

「はっきりと言えるのは、『ユード・ビー・ソー・ナイス・トゥ・カム・ホーム・トゥ』の大ヒットを私は誇りに思っていること。あの曲は私のほかにもたくさんのシンガーが歌った。もちろん、誰もがヒットさせようと試みた。でも、誰もヒットさせることはできなかった。私を除いてはね。それを誇りに感じている」

ヘレンは堂々と語った。

録音から70年近く経っても、ジャズファンに限らず聴き継がれているアルバムだ。

ビル・エヴァンスが29歳で参加した『カインド・オブ・ブルー』

1956年に30代を迎えたマイルスとコルトレーンは、1960年初めまで一緒に演奏をしている。その過程で、1959年に録音されたのが〝ジャズの金字塔〟とされる『カインド・オブ・ブルー』だった。

メンバーのなかで、マイルス、コルトレーンとアルト・サックスのキャノンボール・アダレイは30歳を超えていたが、バンドのほかのメンバーは20代。ポール・チェンバース（ベース）は23歳。一曲だけピアノを弾いたウィントン・ケリーは27歳。ドラムスのジミー・コブとピアノのビル・エヴァンスは29歳だった。

ビルは1929年ニュージャージー州プレインフィールド出身。マイルスとの出会いは、作曲家のジョージ・ラッセルの紹介だった。バンドからレッド・ガーランドが去り、マイルスは新しいピアニストを探し、ビル・エヴァンスと出会った。

モダン・ジャズはコード進行の上でメンバーそれぞれが即興を行うスタイルが主流だったが、マイルスはビルの意見を取り入れて、メロディ主体で演奏するモード奏法にウェイトをおいた。モード・ジャズはメロディの美しさが大前提なので、セクステットへのビルの貢献度はとても大きかった。

ジャズ史を見渡すと、マイルス・デイヴィス、ジョン・コルトレーン、ビル・エヴァンスが同じバンドで演奏していた。結果的には短い期間ではあったが、奇跡的だ。

「ビルは、ラフマニノフやラベルやクラシックに関する、多くの知識をバンドに持ち込んだ。アルトゥーロ・ミケランジェリというイタリアのピアニストを聴くようにも推められて、聴いてみると、本当に惚れ込んでしまった。ビルの演奏には、いかにもピアノという感じの、静かな炎のようなものがあった。奴のアプローチの仕方やサウンドは、水晶の粒や、澄んだ滝壺から流れ落ちる輝くような水を思い起こさせた」(『マイルス・デイビス自叙伝』より)

そんなビルの参加によって生まれたのが『カインド・オブ・ブルー』だった。当時レコーディングの様子はドラマーのジミー・コブから聞いた。

ジミーに会ったのは2000年の4月。このとき『カインド・オブ・ブルー』に参加したなかで存命しているのはすでに彼一人だった。

あのとき、突然知り合いのイベンターから電話をもらった。

「今、ジミー・コブが東京にいるらしいのですが、会いませんか?」

驚いた。ジミー・コブが存命していることも、現役であることも、日本にいることも想像していなかった。

筆者はこの年ニューヨークで取材をしていたが、運よく東京に戻っていた。ジミーが指定してきたのは、翌日の午前9時。場所は品川プリンスホテルだった。ジミーが早起きであることにも驚いた。

このころ、ジミー・コブはウォレス・ルーニーやコルトレーンの息子のラヴィ・コルトレーンらとカインド・オブ・ブルー・バンドをつくり、演奏していた。ラヴィは不参加だったが、「ニューポートジャズフェスティバルin斑尾 2000」にも、このバンドで来日している。

30歳だったジミーが『カインド・オブ・ブルー』のレコーディングに参加したのは偶然のめぐりあわせだったという。

「本来ならば、『カインド・オブ・ブルー』は、〝フィリー〟ジョー・ジョーンズのドラムス、ポール・チェンバースのベース、レッド・ガーランドのピアノ、ソニー・ロリンズのテナー・サックス、キャノンボール・アダレイのアルト・サックスで録音するはずだった。ところが、〝フィリー〟ジョーとレッド・ガーランドは自分のバンドに熱心で、ソニーはギグをすっぽかしがちだったので、メンバーががらりと替わった。マイルスがビル・エヴァンスを探してきて、僕はキャノンボールの紹介で参加した」

当時のニューヨークにはドラマーが少なかったらしい。

「ひと世代上のドラマーの多くが戦争に行っていたんだ。僕には運があった。当時、僕はほとんど無名のドラマーだったからね。コルトレーンもビル・エヴァンスも、有名になったのは『カインド・オブ・ブルー』以降だと思う」

録音は自由な雰囲気だった。

「スタジオに入ると、マイルスに簡単なスケッチのような紙をわたされた。細かい指示はなくて、それぞれが自分の感覚で演奏した。ただし、マイルスの録音は緊張感が高い。演奏が始まるとすぐにテンションが上がる。その緊張感をのがさずに高揚した空気のまま、一気に録音する。『カインド・オブ・ブルー』のほとんどの曲は、ファースト・テイクかセカンド・テイクだったはずだ」

ジャズ・シーンでは白人がマイノリティ

アルバム『カインド・オブ・ブルー』はジャズ・シーンのドリーム・チームのようなセクステットだった。しかし、このメンバーでの活動は長続きしなかった。もっとも大きな理由の一つは、ビル・エヴァンス一人が白人だったことだ。ビルの父親はイギリスのウェールズ系、母親は東ヨーロッパの少数民族、ルシン人の系統だった。アフリカ系アメリカ人のメンバーのバンドに、ビルはなかなかなじめなかった。コルトレーンなどはビルとほとんど口をきかなかったといわれている。

「ビルがバンドを去る原因となったいくつかに、オレは本当に腹を立てた。例えば、バンドにいるたった一人の白人というだけで、数人の黒人連中がした仕打ちだ。ジャズ界最高のバンドで、ギャラも最高なんだから、黒人のピアニストを雇うべきだなどと考えている野郎がたくさんいたんだ。もちろん、オレはそんなことに構っちゃいない。いつだって最高のミュージシャンが欲しいだけだ。黒だろうが、白だろうが、青でも赤でも黄でも、なんだって良いんだ」(『マイルス・デイビス自叙伝』より・以下同)

マイルスは自伝で語っている。

「ビルに馬鹿げたことが起きていて、居心地が悪いってことはわかっていた。奴はとても傷つきやすい人間だったから、連中が奴を嫌な気分にさせるのは、簡単なことだった。それに、ビルは繊細すぎて、スピード感や激しさが足りないと言う連中もいた。こんなことや、ツアーの問題やらで、自分の音楽ができる自分のバンドでやりたいという気持ちが強くなってしまったんだ」

マイルスはかなりビルのことを気に入っていて、ツアーはいつもビルとともに移動していたらしい。キャリアを通して自分のバンドに白人を何人も起用、日本人とも一緒に演奏している。ただし、マイルス自身もビルが白人であることを理由にかなりからかっていたとも伝えられている。

そんなビルも黒人メンバー全員とうまくいかなかったわけではない。ジミー・コブの前任のドラマー、〝フィリー〟ジョーとはマイルスのセクステットでも、脱退してからも交流が継続した。二人ともドラッグが大好きで、気が合ったのだ。

29歳でマイルスのセクステットを去ったビルは、ポール・モチアン（ドラムス）、スコット・ラファロ（ベース）とトリオを組み、『ポートレート・イン・ジャズ』『ワルツ・フォー・デビイ』など数々の名盤を録音していく。

マッコイ・タイナーとコルトレーンの蜜月時代

ビルが去ってほどなくして、コルトレーンもマイルスのセクステットを去る。自分のバンドでの活動を行うためだった。

そして、1960年、コルトレーンも自分の音楽活動のコアとなるレギュラー・バンドを結成する。メンバーは、エルヴィン・ジョーンズ（ドラムス）、ギミー・ギャリソン（ベース)、マッコイ・タイナー(ピアノ)。このカルテットの最年少で、20代を過ごしたのがマッコイだった。1938年ペンシルベニア州フィラデルフィア出身のマッコイはコルトレーンより12歳年下。後にコルトレーン〝最強のカルテット〟といわれたバンドのスタート時は22歳だった。

マッコイに彼の若い時代の話を聞いたことがある。インタビューできたのは1999年の8月。長野県飯山市の斑尾高原ホテルのラウンジだった。「ニューポートジャズフェスティバルin斑尾 1999」に出演するために来日したマッコイが貴重な時間をつくってくれた。

マッコイの演奏は激しい。タッチの温かさや音と音の間の絶妙なスペースで聴かせるハービー・ハンコックと対極にいるピアニストといっていいだろう。斑尾ではマイケル・ブレッカーとの共演で、アルバム『インフィニティ』のナンバーをすさまじい迫力で演奏した。

マッコイは鍵盤をまるで打楽器のように強打する。全身が筋肉のかたまりであるかのように巨大。岩のようだ。大腿部は同じ人間とは思えないくらい太い。ピアノの鍵盤の下に収まり切らないほどだ。

「ピアニストになる前、僕はコンボを叩いていたんだ」

マッコイはそう話してくれた。もともと打楽器奏者だったのだ。だから、演奏も激しい。ピアノという楽器はその構造上弦楽器であり、打楽器でもある。演奏者は鍵盤をたたく。それがボディの中の弦を振動させて音が出る。マッコイはピアノの弦楽器の性質と打楽器の性質をフル活用して演奏する。

そんなマッコイとコルトレーンとの出会いは、マッコイが17歳、コルトレーンが29歳のとき。

「僕はフィラデルフィア出身で、コルトレーンも一時期フィリーにいた。マイルスのバンドにいたコルトレーンが里帰りしたときに出会った。僕は彼の大ファンで、彼が演奏しているレコードをたくさん持っていたよ。でも、そのときにはなにも起こらなかった。なにしろ僕は17歳の子どもだったからね」

再会したのは3年後。マッコイはピアニストとしてテナー・サックス奏者のベニー・ゴルソンにスカウトされて、フィラデルフィアからニューヨークへ向かっていた。ジャズ・ミュージシャンを志すと、皆ニューヨークへ向かう。

「あのときはニューヨークに着く前にクルマがハイウェイで故障してしまってね。ベニーに電話したんだ。ところがベニーは仕事中で、代わりにコルトレーンがステーションワゴンを運転して迎えに来てくれた」

クルマのなかで二人は意気投合。それをきっかけに、一緒にバンドを組むことになった。

「コルトレーンは、僕が通った〝音楽学校〟で青春の一部だった」

マッコイは言う。

「コルトレーンは音楽に情熱を傾けていた。どんなにいい演奏をしても、彼はずっと練習を続けていたよ。毎日毎日。コルトレーンほどたくさん練習した音楽家をほかに知らない。彼は自分自身に勝てた。だから、レジェンドになった」

そんなコルトレーンの姿を近くで見てともに演奏をしたことが、マッコイのこともレジェンドにした。

「成功するには才能は必要だ。でも、才能だけでは特別な存在にはなれない。才能をきちんと育てることによって初めて特別になれる。コルトレーンは、自分の才能を育て続けた。音色、音楽のコンセプト、ほかの音楽家の演奏を聴く耳……。すべてを磨き続けた。だから、ジョン・コルトレーンは伝説になった」

コルトレーンの『ジャイアント・ステップス』はジミー・コブ、ポール・チェンバース、ウィントン・ケリーなどマイルスのバンド時代に一緒に演奏したメンバーで録音されているが、『バラード』『インプレッションズ』『至上の愛』など。コルトレーンの代表作のかなり多くで、若い時代のマッコイが演奏している。

『ザ・リアル・マッコイ』で演奏を確立?

コルトレーンの最強のカルテットで録音したバラード集『バラード』は、マッコイによると「8曲すべて歌われているようなアルバム。コルトレーンのテナーは肉声のように聴こえる」という。「ホワッツ・ニュー」の間奏部のマッコイのピアノもリスナーに語りかけてくるような響きだ。

『インプレッションズ』は1961年にニューヨークのヴィレッジ・ヴァンガードでのギグと、1962年と1963年のニュージャージーでの録音で構成されている。マッコイは全曲参加。1961年の録音にはエルヴィンとレジー・ワークマン(ベース)とエリック・ドルフィー(バス・クラリネット)、1962年の録音は最強のカルテット、1963年の録音はロイ・ヘインズ(ドラムス)とジミーが参加している。コルトレーンは圧倒的な技術で吹きまくっている。マッコイはコードでソロをサポートしていく。手数は多い。

2023年に公開されてヒットしたジャズのアニメ映画に『BLUE GIANT』がある。同名の人気コミックの映画化で、主人公の高校生、宮本大はジャズに魅せられ、テナー・サックスで世界を切り開いていく。サウンドトラックのほとんどは、ピアニストの上原ひろみがオリジナル曲を作曲し演奏した。そのなかで一曲、コルトレーンの曲をやっている。「インプレッションズ」だ。ひろみ版「インプレッションズ」も登場人物たちの若いエネルギーがほとばしるような演奏だ。

『至上の愛』はコルトレーンがジャズからポピュラー性、エンタテインメント性を極力排し、芸術性と哲学を追求しようとしたアルバム。1964年の録音。「承認」「決意」「追求」「賛美」の4部構成で縦横無尽に吹きまくる。マッコイはこのアルバムでも、コードでサポートしつづける。コルトレーンは、この時期「神を見た」といい始め、翌年からはフリー・ジャズへと舵を切る。メンバーは、コルトレーン、マッコイ、エルヴィン、ジミーの最強カルテット。しかしこのアルバムのころからマッコイは音楽的な方向性の違いを感じはじめ、バンドを去った。

そんな、マッコイのリーダー作から青の時代のアルバムをあげるとしたら『リーチング・

フォース』『バラードとブルースの夜』『ザ・リアル・マッコイ』だろうか。

1963年の『リーチング・フォース』は一曲目のタイトルチューンから、マッコイは弾きまくる。コルトレーンのカルテットでは自分を抑えていたのだろうか。解き放たれたかのように弾きまくる。ハードなピアノの音が好きなリスナーにとってはたまらないアルバムだ。編成はピアノ・トリオで、メンバーは、ロイ・ヘインズ（ドラムス）とヘンリー・グライムス（ベース）。

同じ1963年の『バラードとブルースの夜』はそのタイトルのとおり、『リーチング・フォース』とはがらりとテイストの異なるスロー・ナンバーを演奏するアルバム。ピアノの音が輝いて聴こえる。「サテン・ドール」「ラウンド・ミッドナイト」「ブルー・モンク」「酒とバラの日々」などを収録。

1967年に録音された『ザ・リアル・マッコイ』は、一曲目の「パッション・ダンス」からダイナミックなグルーヴで一気に引き込まれる。その後のマッコイのスタイルを象徴するようなオープニングだ。スローテンポの「コンテンプレイション」「サーチ・フォー・ピース」では、きらめく波のような演奏。ドラムスはエルヴィン、ベースはロン・カーター、テナー・サックスがジョー・ヘンダーソン。エルヴィンとロンのリズムセクションもラウドだ。

しかし、マッコイのこうした力強く手数が多くエネルギッシュな演奏をマイルス・デイヴィスは酷評していた。

「マッコイはまったくダメだ。やつはただピアノをガンガン叩いているだけだ。それしかできないんだ。演奏なんていえる代物じゃない。性格はいいが、オレが聴くかぎり、なんにも弾けないやつだ。オレはトレーンにもそう言った。だがトレーンは使いつづけた。オレに言わせれば、マッコイは一生かかってもなにもできないだろうよ」

これはマイルスをインタビューし続けたジャーナリスト、クインシー・トループの著書『マイルス・アンド・ミー』(中山康樹監修、中山啓子訳、河出書房新社)にあるマイルスのコメントだが、かなり辛辣だ。

マイルスはマッコイのような力強く手数の多いピアニストが好みではないのだろう。だから、スペースを生かすハービー・ハンコックやクラシックの影響の濃いビル・エヴァンスや1970年代にはキース・ジャレットを好んだのだろう。正規のアルバムでの音源はないが、マイルスは1970年代に日本人ピアニストの菊地雅章《まさぶみ》を起用していた時期もある。菊地のピアノも音数少なく、スペースやタッチに色気のある音楽家だった。

一方、コルトレーンはエネルギッシュな演奏を好んだのだろう。マッコイを愛し、同時にドラムスをドカドカ叩くエルヴィンもカルテットに起用している。

KEITH
JARRETT
GEORGE
BENSON
PAT
METHENY

第2章
引き継がれる
ジャズの遺伝子

ヴィレッジ・ヴァンガードで自分を売り込んだキース・ジャレット

「僕が聞いたのは、トニー・ウィリアムスとウェイン・ショーターとハービー・ハンコック、あるいはチック・コリアが一緒だったバンドだ。全員がまるで勝手に一人で演奏しているように聞こえたんだ。ひとつのバンドの中で一緒に演奏しているようには聞こえなかった。彼らは自分自身の音だけを聞いていたんだ。ぼくにはまさにエゴのぶつかり合いのように聞こえた」

マイルス・デイヴィスの黄金時代といわれた時期の演奏について、ピアニストのキース・ジャレットは自著『キース・ジャレット インナービューズ－その内なる音楽世界を語る－』（キース・ジャレット著、山下邦彦訳、ティモシー・ヒル／山下邦彦編、太田出版。以下『インナービューズ』）で辛辣に語っている。キースは1945年、ペンシルベニア州アレンタウン出身。マイルスの黄金期のころ、20代前半だった。

「マイルスはそういうエゴとつきあう必要はないと思った。それでこのバンドを聞いた夜、

ぼくは思ったんだ。〝マイルスといっしょにしばらくの間仕事をする時がいつか来るだろう〟って」(『インナービューズ』より)

ボストンのバークリー音楽大学に通っていたキースは、コマーシャルの仕事ばかりしている自分に危機感を覚え、拠点をニューヨークに移した。

ニューヨークでは7番街の南にある名門ジャズクラブ、ヴィレッジ・ヴァンガードに通い詰める。当時ヴァンガードでは連日ジャム・セッションが行われていた。そこで注目されようというねらいだった。

しかし、よそ者はなかなかステージに上がることができなかった。それでもあきらめず3か月通い、やっと演奏するチャンスをつかんだ。キースのその1回の演奏を聴いたアート・ブレイキーに雇われて、キースはザ・ジャズ・メッセンジャーズのピアノ奏者になった。

しかし、一難去ってまた一難。アートのマネージャーがせこかった。約束した額のギャラを払わない。クレームを言っても、ごまかされる。そんなときに、テナー・サックス奏者のチャールズ・ロイドに誘われ、彼のバンドに移籍した。

ボストンにいたころからキースはロイドと面識があった。クラブのバックヤードで何度か会話を交わしていた。しかし、当時のキースはまだ学生で、ロイドに雇ってもらうという発想がなかったのだ。しかし、ザ・ジャズ・メッセンジャーズで頭角を現したキースをロイドのほうが目をつけ、声をかけてきた。キースはロイドのバンドに移籍。そこには、後にマイルスのバンドや自分のトリオで長い付き合いになるジャック・デジョネットもいた。

この時期のロイドのバンドをマイルスは何度かクラブで観て、こう評している。

「本当にすばらしいことをやっていた頃の彼のバンドには、二人の若者、ジャック・デジョネットというドラマーと、キース・ジャレットというピアニストがいた。リーダーこそチャールスだったが、音楽をすばらしいものにしていたのは、この二人だ」(『マイルス・デイビス自叙伝』より・以下同)

ロイドに対しては辛辣だが、キースとデジョネットには早くから注目していた。

チャールズ・ロイドには、ずっと後にインタビューしたことがある。2019年に来日したときに、彼が宿泊する白金台のシェラトン都ホテル東京を訪ねた。ラウンジで待っていると、ロイドは奥さんを伴ってやってきた。彼はこのとき81歳。十分にレジェンドといえるキャリアだ。穏やかな、とても謙虚な人だった。

時代を経ても、世代を超えて聴き継がれるアーティストが共通して持つ資質をたずねると、彼はこう話した。

「自分がいかにちっぽけであるかを自覚していることだと思う。自分は何者でもない、という認識を持つことが大切で、まだまだ、もっともっと、と高みを目指すようになる。それが音楽の質も高める。その結果、より高揚感ある演奏ができて、しかもリスナーは安らかな気持ちになれる。これからも僕は演奏を続ける。拍手をもらっても、ブーイングを浴びせられても、今日が最後のチャンスと思って、演奏を続ける」

そう語る傍らで、優しそうな奥さんが微笑んでいた。

キース・ジャレットとチック・コリアの共存

1970年、キースはエレクトリックに舵を切ろうというタイミングのマイルスのバンドに参加する。

「夏の初めには、チック・コリアとキース・ジャレットの二人が、オレのコンサートバンドにいた。あの二人が一緒に演奏していたなんて、なんとも言いようがないほどすばらし

かった。たしか二人が一緒にいたのは、三、四カ月の短い間だったけどな」(『マイルス・デイビス自叙伝』より・以下同)

マイルスはご満悦。実際にマイルスとチックとキースという3人のレジェンドが一つのバンドにいて一緒に演奏していたことは、ジャズ史を眺めても奇跡の一つと言っていいだろう。

この時期、キースはポール・モチアン(ドラムス)、ゲイリー・ピーコック(ベース)との自分のトリオでも活動をしていた。

「キースは自分のバンドも持っていたが、両方でやれるようにスケジュールを調整していたから、問題はなかった。チックは、オレに直接は何も言わなかったが、キーボードが二台というのを、あまり気に入ってなかった様子だった」

チック・コリアは1941年マサチューセッツ州チェルシーの出身。マイルスのバンドにチックとキースがそろって在籍したとき、チックは29歳。キースは25歳だった。

マイルスのバンドで、キースは主にエレクトリック・ピアノとオルガン、チックは主にアコースティック・ピアノとエレクトリック・ピアノを演奏した。後にキースがソロ・ピアノの公演を続け、チックが『リターン・トゥ・フォーエヴァー』で世界的なフュージョンのブームを牽引したことを考えると意外な役割分担だ。

「バンドに入る前にキースがどんな演奏をしていたかは知っていたし、どんな方向に進めるのかもわかっていた。バンドに入る前はエレクトリックを嫌っていたが、オレのバンドでやるうちに奴の考えも変わった。そして、いかにもっと極限に挑戦し、異なったいろんなスタイルで演奏するかを、学んだんだ」

マイルスはそう振り返っている。

「ぼくはエレクトリック・キーボードは弾きたくなかったけれど、マイルスはそのサウンドを求めていたからね」

このようにキースのほうは『インナービューズ』で語っている。

「マイルスは、以前のバンドよりも、もっとファンクなものを求めていたから、僕はその役に立てるという自信はあった。チック・コリアがファンクは得意じゃないのを、マイルスは知っていたと思う」（『インナービューズ』より、以下同）

気が進まないながらも、キースはエレクトリック・ピアノを演奏していた。マイルスへのリスペクトで、彼は彼自身を納得させていたのかもしれない。

キースはエレクトリック・ピアノについて、重さの感覚を失うと語っている。

「チック・コリアがエレクトリック・ピアノを弾くようになった時も、彼本来のタッチを失ったんだ。60年代から70年代の初めまでは、彼はタッチを持っていた。ピアノのタッチをね。しかし、チック・コリアがエレクトリックに転向した途端に、タッチを失った。エレクトリック・キーボードでは、重さや重力を表現することができないからだ。どうしても表現できないんだ。電気楽器に触れている間に、タッチ、重力、重さを忘れてしまうんだ。ずっと忘れた状態のまま、それがしばらくの間だったとしても、もう思い出せない。ハービー・ハンコックも同じように失った」

重さの感覚を失うことを恐れたのか、キースは2年ほどしかエレクトリック・ピアノを演奏していない。

『マイルス・デイヴィス・アット・フィルモア』の聴きどころ

では、もう一方のチック・コリアはどう思っていたのだろう。

チックには東京のホテル、ブルーノート東京の楽屋、ブルーノート・ニューヨークの楽屋……、何度もインタビューのチャンスをもらった。

もっとも印象深いのは2001年12月の取材。このとき、ブルーノート・ニューヨークでチックの60歳を祝うギグが3週間行われていた。内容はチックのキャリアを再現するもので、ロイ・ヘインズ（ドラムス）とミロスラフ・ヴィトウス（ベース）とのトリオや、ゲイリー・バートン（ヴィブラフォン）とのデュオや、デイヴ・ウェックル（ドラムス）、ジョン・パティトゥッチ（ベース）とのチック・コリア・アコースティック・バンドなど、彼のキャリアのなかのかなり多くのプロジェクトを再演した。この約3週間のギグは、『ランデヴー・イン・ニューヨーク』というタイトルのボックスセットでCDがリリースされている。

「60歳を祝うイベントは最初、ブルーノートのマネージャーからプランをもらった。でも、僕はあまり積極的ではなかった。そんな大げさなことをすることに腰が引けたんだ。だから断った。それでも、クラブは熱心に僕に提案してくれた。このギグをやる気になったのは日本に行ったときだ。友人が、ぜひやるべきだ、と言ったんだよ。日本では、60歳を人生の節目と考え〝還暦〟といってお祝いする。おもしろい発想だと思った」

ニューヨークのブルーノートのステージにチックは妻を伴い、赤いちゃんちゃんこを着て現れた。

「赤いちゃんちゃんこには、日本ではベビーの意味があるらしい。60歳で生まれ変わって、ベビーとして新しい人生を始めるんだ」

このスピーチに、会場はおおいにわいた。客席には、ギタリストのジョージ・ベンソンやシンガーのカサンドラ・ウィルソンの姿もあった。

この後のバックヤードで、チックはエレクトリック・ピアノについて次のように話していた。

「アナログとデジタルの区分けについて、僕はあまり意識していない。そのときそのときの自分の興味に突き動かされてやっているだけだ」

これが本心かどうかはわからないが、アコースティック・ピアノとエレクトリック・ピアノについて、キースほどデリケートには感じていないようだった。

「なにか一つのプロジェクトを動かし始めると、そこからあらゆるものが生まれて、自然に動きだしていく。それが結果的にアナログだったり、デジタルだったりする」

キースは自分をピアニストだと思い、チックはプロデューサーとしてのウェイトも大きいのかもしれない。

「音楽をやることにおいて、スタイルはそれほど重要ではない。僕は若いころから一貫してそう思っている。僕はマイルスと一緒に仕事をして、リターン・トゥ・フォーエヴァーをやって、エレクトリック・バンドとアコースティック・バンドをやった。どれも自分の興味に突き動かされてやっただけだ。その〝興味に突き動かされる〟ことが大切なんだよ」

チックは語っていた。

そんなチックと、キースが20代で参加しているのが『マイルス・デイヴィス・アット・フィルモア』。1970年、ニューヨークのフィルモア・イーストでのライヴ録音だ。LPレコードには、4日間の演奏が2枚のA～D面に分けて収録されている。メンバーは、マイルス、ジャック・デジョネット（ドラムス）、デイヴ・ホランド（ベース）、チック（エレクトリック・ピアノ）、キース（オルガン）、スティーヴ・グロスマン（ソプラノ・サックス）、アイアート・モレイラ（パーカッション）。

『マイルス・デイヴィス・アット・フィルモア』は、アバンギャルドの範疇に入るアルバムだろう。おそらく決まりごとは少なく、ステージ上のメンバーはバンドのおたがいの音に集中し、即座に反応していく。

筆者自身の体験で恐縮だが、このアルバムは高校生のときに手に入れた。ジャズを聴こうと思い立ち、吉祥寺の中古レコード店へ行った。当時はジャズについてまったく知識がなかったので、ジャケ買いするしかない。

幸運だった。最初に偶然手にしたのが、マイルスの『カインド・オブ・ブルー』だった。すごかった。何度も聴き返した。

そして次の一枚を買いに行き、勘で選んだのが『マイルス・デイヴィス・アット・フィルモア』。わくわくして帰宅して聴いたが、なにがなんだかまったくわからなかった。『カインド・オブ・ブルー』と同じ人のアルバムとは思えなかった。

それでも、くり返し聴いた。おこづかいは少ないから、レコードを一枚買ったら、それを聴き続けるしかない。すると、徐々に楽しめるようになっていった。

このアルバムの何が気持ちいいのか——。それは楽器の音だ。耳でメロディを追うよりも、マイルスの、チックの、キースの音に集中した。

するといつのまにか、このアルバムを聴きたくて聴きたくてしかたがない自分になっていた。

奇跡的なソロ・ピアノ作『ザ・ケルン・コンサート』

キース・ジャレットもチック・コリアも30歳までにハイクオリティのリーダー作を録音している。

1970年の『マイルス・デイヴィス・アット・フィルモア』の時点で25歳だったキースだが、30歳までのアルバムからは3作をあげたい。

1枚目はマイルスのバンドに加入する前、1968年のライヴアルバム『サムホエア・ビフォー』。そしてマイルスのバンドに在籍中、1971年に録音したソロ・ピアノ作『フェイシング・ユー』。そして1975年に録音されたジャズ史の名盤の一つ、『ザ・ケルン・コンサート』。

『サムホエア・ビフォー』は、ロサンゼルスのシェリー・マンホールでポール・モチアン（ドラムス）、チャーリー・ヘイデン（ベース）とのトリオで録音したライヴアルバム。一曲目のボブ・ディラン作「マイ・バック・ペイジ」が人気曲となった。キースのポップな面も楽しめる。

『フェイシング・ユー』を録音したとき、キースはマイルスのバンドに在籍していた。マイルスのツアーのオフ日、ノルウェーのオスロで、わずか3時間で6曲を録音した。このとき、レーベルからのオファーは二択だったという。一つは、チック・コリアとベーシスト二人との録音。もう一つは、ソロ・ピアノ。キースはソロを選んだ。『サムホエア・ビフォー』も同様だが、20代のころのキースのサウンドからはフォークやゴスペルが感じられる。一曲目の「イン・フロント」をはじめ、リズムが明確な曲も多い。ピアノとともに冬のノルウェーの空気も収められているような演奏。一音一音がきらめいている。『ザ・ケルン・コンサート』は旧西ドイツ、ケルンのオペラ劇場でライヴ録音された。60分を超えるソロ・ピアノの即興演奏だが、まるでプランされていたかのように起承転結があり、物語が感じられ、風景が見える。

そして、ピアノという楽器の音の美しさをとことん楽しめる。とてつもなく情緒的な作品だ。『フェイシング・ユー』と聴き比べると『ザ・ケルン・コンサート』はクラシックを感じる演奏で、透き通るようなピアノの音色。この作品を聴くと、自分の心が澄み切っていると、錯覚することができる。

ケルンの演奏会の前日はタフなクルマ移動だったらしい。キースはまる一日睡眠がとれなかった。その上、ホールに置かれていたピアノのコンディションも最悪のレベルで、調律すら不十分だった。キースは比較的状態のよかった中音域を主に演奏を組み立てた。そんな環境が奇跡的な演奏を生み、奇跡的なアルバムができた。

ジャズを新しいフェイズにいざなった『ビッチェズ・ブリュー』

チックの青の時代として紹介したいのは、1968年の『ナウ・ヒー・シングス、ナウ・ヒー・ソブス』とマイルスのバンドに参加して2枚目のアルバム、1970年の『ビッチェズ・ブリュー』の2作。

ジャズに限らず、デビュー作からデビュー3枚目くらいに代表作があるアーティストは少なくない。初期の作品には、生まれてからプロの音楽家になるまでのアイディアや技術や思いが凝縮されているからだ。ドラムスにロイ・ヘインズ、ベースにミロスラフ・ヴィトウスを起用した26歳のときのチックのリーダー作『ナウ・ヒー・シングス、ナウ・ヒー・ソブス』はそれではないだろうか。

その後長きにわたるチックの活躍を考えると、このアルバムは画期的な新人の登場というわけではない。ストレート・アヘッドのジャズを誠実にやっている作品だ。一音一音から26歳だからこその輝きを感じる。ヴィトウスは2年後にジョー・ザビヌルやウェイン・ショーターとともにウェザー・リポートを結成するが、『ナウ・ヒー・シングス、ナウ・ヒー・ソブス』のときはまだ20歳だった。

1969年には、ハービー・ハンコックがマイルスのバンドから少しずつ離れていき、その後にチックが参加するようになっていった。そしてキーボード奏者のジョー・ザビヌルの楽曲を気に入ったマイルスはジョーをギグに参加させる。ジョーとチック、ジョーとハービーとチックと、キーボード奏者が複数いるギグがしばらく続き、そのプロセスで録音されたのが『ビッチェズ・ブリュー』だった。

マイルス以外のメンバーは、ジャック・デジョネット（ドラムス）、レニー・ホワイト（ドラムス）、ドン・アライアス（ドラムス）、デイヴ・ホランド（ベース）、ハーヴィー・ブルックス（ベース）、ウェイン・ショーター（ソプラノ・サックス）、ベニー・モウピン（バス・クラリネット）、ジョン・マクラフリン（ギター）、ジョー・ザビヌル（エレクトリック・ピアノ）、チック・コリア（エレクトリック・ピアノ）、ラリー・ヤング（エレクトリック・ピアノ）、ジム・ライリー（パーカッション）。チックは、マイルスの指示でフェンダーのローズ・ピアノを演奏する。

2枚組のこのアルバムはジャズにエレクトリックを導入、ポリリズムを採用し、音楽を新しいフェイズへと進化させた。メインのキーボードはジョーとチックで、スピーカーの右チャンネルがチック、左チャンネルがジョーという役割分担になっている。

チックは最初フェンダー・ローズを演奏することに消極的だったらしいが、すぐにその音を気に入る。

いわゆるモダン・ジャズをやっていたマイルスの黄金のクインテットからハービーが去り、ロンが去り、トニーが去り、それまでとまったくテイストの異なるエレクトリックでアバンギャルドな音楽になったことに、多くのリスナーは拒否反応を示した。

しかし、『ビッチェズ・ブリュー』は後の音楽に大きな影響を与えている。

ジョーとウェインは、ここでの出会いをきっかけに、フュージョン史上最高のバンドの一つ、ウェザー・リポートを始める。フェンダー・ローズに夢中になったチックは約2年後にフュージョン史の代表的な作品の一つ、『リターン・トゥ・フォーエヴァー』を録音する。フェンダー・ローズについては後であらためて述べたい。

ジョージ・ベンソンは10代でピッツバーグからニューヨークへ

ギタリストのジョージ・ベンソンも、音楽で成功するためにニューヨークにやってきた一人だ。

ベンソンは、1943年にペンシルベニア州のピッツバーグで生まれ育っている。1976年にリリースしたアルバム『ブリージン』でレオン・ラッセル作の「マスカレード」を色気たっぷりに歌い、1977年の第19回グラミー賞「最優秀レコード」賞、「最優秀インストゥルメンタル・パフォーマンス」賞などを受賞し、R&Bシンガーのイメージを持つリスナーも多いかもしれない。しかし、ミュージシャンとしてのスタートはジャズ・ギタリストで、そのスタンスは大きく変わってはいない。

ベンソンにインタビューしたのは2000年。ニューヨークのユニバーサルミュージックのオフィスで会うことができた。

ベンソンが初めてニューヨークに出たのは10歳のときだったという。

「RCAビクターのスタジオで録音した。でも、10歳の子どもだからね。まず学校へ行かなくてはいけないと言われて、ピッツバーグへ帰った」

　次にニューヨークへ行ったのは19歳のとき。オルガニストのジャック・マクダフのバンドで演奏するようになった。

「さまざまなところに書かれている僕のプロフィールを読むと、19歳でニューヨークへ出て華々しいキャリアをスタートされたとある。でも、けっしてそんなではなかった。ジャックが僕の才能を見出したわけではないんだ。まあ、確かにジャックは僕をロードに誘ってはくれた。でも、僕は行きたくなかった。あのときの僕はピッツバーグでセッションをやり始めたばかりで、ギタリストとしてはまだまだだと思っていたんだ。プロになる準備ができているとは考えられなかった。19歳のアマチュアにとって、ツアーに出るなんて、とてつもなく大変なことに感じられて怖かったんだよ」

　ところが、ベンソンはジャックに「YES」と即答している。

「それにはわけがあった。僕は貧しかったんだ。生活できないくらいにね。あの年、ジャックに会うまで、僕は最悪の暮らしだった。雪が多くて、仕事にあぶれて、その上クルマが壊れて身動きがとれなくて。そんなときにツアーでやってきたジャックに誘われたんだ。彼のバンドにギタリストがいなかったから。食べるために、僕はジャックとロードに出るしか選択肢がなかったんだ」

ツアーに出たものの苦難は続いた。

「ジャックとロードに出て最初の夜、初めてのギグの後にクビだと言われた。お前の演奏はロードに出るには十分ではない、とね。そんなことは言われなくてもわかっていた。でも、クビと言われるとがっくりとくるよね。なにしろ、昼に雇われて、その日の夜にはクビを宣告されたわけだから」

ただ、幸運にもすぐに追い払われはしなかった。バンドには、ほかにギタリストがいなかったからだ。

「次のギタリストが見つかるまでバンドにいろ」

ジャックに命じられた。

「でも、なかなかギタリストが見つからなくて、2〜3週間ジャックと旅をしながら演奏していたら、ニューヨークに着いてしまった」

ニューヨークなら、代わりのギタリストはいくらでもいる。いよいよクビだと覚悟していたら、思いもよらぬ展開になった。

「ジャック、このガキをクビするわけにはいかないぞ」

ジャックのマネージャーがベンソンを正式にメンバーに加えることを進言してくれた。ジャックも同意見だった。

「もちろんだ。こいつのおかげでバンドのサウンドがよくなっている」

それがジョージ・ベンソンの、プロのギタリストとしてのスタートだった。1963年の初めのころだという。

若きベンソンが黄金のクインテットと渡り合った『マイルス・イン・ザ・スカイ』

ジョージ・ベンソンが強運なのか、ジャック・マクダフの面倒見がいいのか、あるいは両方なのか、翌1964年、21歳になったベンソンは最初のリーダー作を録音している。『ザ・ニュー・ボス・ギター・オブ・ジョージ・ベンソン』だ。ジャックのバンドのメンバーが全面的にサポートしたアルバムで、タイトルはベンソンがリスペクトするギタリスト、ウェス・モンゴメリーのアルバム『ボス・ギター』へのオマージュになっている。ブルースを意識した音になっているが、ベンソン自身はこのアルバムには満足していない。

「ギタリストとしてまだまだ未熟で、今聴くととてもつらい気持ちになる」

自分の力量についても、貧しかったころの実話についても、ジョージ・ベンソンという人は飾ることなく率直に話してくれる。

1960年代のベンソンは、ジャックのグループでギターの腕を磨いていく。そして1968年、25歳のベンソンをキャリア・アップさせる出来事が起きる。マイルス・デイヴィスの録音に誘われたのだ。

当時のマイルスは、トニー・ウィリアムス、ロン・カーター、ハービー・ハンコック、ウェイン・ショーターという固定メンバーで活動していた。

この黄金のクインテットとともに、ウェイン作の「パラフェルナリア」を録音。このテイクは、マイルスがエレクトリックへ舵を切った最初のアルバム『マイルス・イン・ザ・スカイ』に収録されている。

ベンソンは小気味よいカッティングで腕利きの5人と渡り合い、短いながらもギターソロも聴かせる。第1章でも述べたが、このときのマイルスのクインテットはジャズ史に燦然と輝くバンドだ。そこにまだほぼ無名で25歳のベンソンが参加して、堂々とした演奏をした。

ベンソンのエレクトリック・ギターを加え、ハービーにエレクトリック・ピアノを弾かせたこのアルバムに手ごたえを感じたマイルスは、本格的にエレクトリックに向かう。エレクトリックに馴染めないロンはバンドから離れ、黄金のクインテットはバラバラになっていった。

フェンダー・ローズの登場

ジャズにエレクトリックの楽器が使われるようになった時期については『ハービー・ハンコック自伝』でも述べられている。

「スタジオに入ると、私が弾くはずのピアノがなかった。当初は、そのうちに誰かがピアノがないことに気づいて用意するだろうと思っていた」(『ハービー・ハンコック自伝』より・以下同)

しかし、いつになってもピアノは用意されない。

「あれを弾け」

マイルスがスタジオの隅にあるフェンダーのローズ・ピアノのほうを顎でしゃくった。

「私は電子機器や機械いじりが好きだったが、エレクトリック・ピアノには何の興味もなかった。ほとんどのジャズ・ミュージシャン、とりわけピアニストたちは、それを面白い楽器だが実質的には取るに足りないものとみなしていた。エレクトリック・ピアノでは本物のピアノのふくよかで豊かなサウンドは出せない、たんなる小道具にかかずらう必要はない、という見方が大勢を占めていた」

ハービーは不愉快な気持ちになった。

「こんなおもちゃをほんとうに弾けっていうのか?」

そう思った。

しかし、リーダーであるマイルスの指示に従わなくてはいけない。

「それに歩み寄り、スイッチを入れてコードを弾いてみた。すると、驚いたことに、そのサウンドをクールだと感じた。アコースティック・ピアノの深みとまろやかさはなかったが、その響きは思っていたより美しかった」

しかも、大きな音が出た。

「とっさに頭に浮かんだのは、このエレクトリック・ピアノを弾けば、トニーは私がソロをとるとき、思いきり激しく演奏できるようになるな、ということだった。アコースティック・ピアノの場合、どんなに強く鍵盤を叩いても大音量にならない。そのため彼は私のプレイの妨げにならないよう、本来のパワーを抑えなければならなかった。その点、エレクトリック・ピアノだと、鍵盤を軽く押さえるだけで、いくらでも大きな音を出すことができる――やらなければいけないのはつまみを回すことだけだ。それまで見向きもしなかったこの楽器を演奏するのが、がぜん面白くなった」

このときのフェンダー・ローズについて、マイルスは次のように述べている。

「ハービーにエレクトリック・ピアノを使わせて、ギターと一緒にベース・ラインとコードを弾かせ、さらにロンにも同じ音域で演奏させることで、新鮮でヒップなサウンドができると思ったんだが、実際そのとおりになった。そして、こうしたボイシングでレコーディングをやりはじめた時、オレは、ずっと後になって批評家連中がフュージョンと呼ぶ類いの音楽へと向かっていた。オレはまさに、新鮮なアプローチを試すところだった」(『マイルス・デイビス自叙伝』より)

ハービーは、エレクトリック・ピアノに関してだけでなく、普遍的なことを学んだと述べている。彼は自分の経験ではなく、マイルスという〝他人〟の意見に基づいて判断をくだしていた。

「理由もないのにドアを閉ざし、そのため新しいエキサイティングな楽器を見出すチャンスを逃がすところだった。それは私の俗物根性を克服するための重要なレッスンになった。この経験を忘れてはならないと心に誓った」(『ハービー・ハンコック自伝』より・以下同)

フェンダー・ローズは、マイルスのバンドでハービーの後キーボードを担当したチック・コリアも弾いた。チックは自分のバンドでもフェンダー・ローズを演奏して、名盤『リターン・トゥ・フォーエヴァー』を録音している。このキーボードの音は世界的にブームになり、日本の歌謡曲やいまでいうJポップでもさかんに使われた。マイルスの音への感覚、未来を見る勘は実にすぐれていた。

さて、『マイルス・イン・ザ・スカイ』だが、ベンソンのギターはよりソウルフルになり、同時に洗練を感じる。

そのことについて、ベンソンに質問すると、次のように話してくれた。

「僕の音楽に土の匂いと洗練の両方を感じるのはとても正しい聴き方だと思う。僕は15歳のころ、ピッツバーグで、従妹とヴォーカル・グループを組んでいた。お金を稼がないと生活できないから、ありとあらゆる音楽を演奏したよ。ミラクルズ、チャック・ベリーなどだ。僕はギターを弾き、歌い、ダンスもやった。10代の体験は身体に沁みついている。

それが僕の音楽の土の匂いになっている」

一方、洗練はニューヨークで身についたという。

「19歳でニューヨークへ来たときに、僕は初めて本物のジャズと出合った。あのころのジャズは磨き抜かれていた。少なくとも僕にはそう感じられた。クラブに通って、たくさんの素晴らしいミュージシャンの演奏を聴いた。カウント・ベイシー、マイルス・デイヴィス、ジョン・コルトレーン、ハービー・ハンコック、ロン・カーター、フレディ・ハバード……。僕は実に幸運だった。音楽をやる人間にとって、あのころのニューヨーク以上の環境はなかった。最高レベルのジャズが、毎日近くにあったわけだからね。あの時期に、僕は洗練を身につけることができたと思う」

ベンソンの新境地だった『アビイ・ロード』

ベンソン自身もニューヨークのクラブに出演していたが、最初はなかなか集客できなかった。しかし、途中である法則に気づいた。

「ジャズクラブは多くの場合、一晩に2ステージ行うよね。ファースト・ショーで僕が歌うと、客はそのままセカンド・ショーも観て飲食していってくれる。たいがいは男女のカップルで来るから、ムーディーな雰囲気が喜ばれるんだ。でも、ファースト・ショーで歌わないと、セカンドの前の休憩時間にほかの店に行ってしまう。そこで僕は考えた。カップルの男性はジャズファン。ジャズクラブに来るんだからね。でも、彼に連れてこられている女性はジャズではない音楽が好きなんじゃないか、と思った。それで必ずファースト・ショーで歌うようになった」

必要に迫られて、ベンソンはクラブで歌うようになった。すると期待したとおり、集客が安定した。

歌う効果をリアルに体験したベンソンは、ギターとヴォーカルでアルバムを録音する。それが『アビイ・ロード』だった。ビートルズの名盤の一枚、『アビイ・ロード』の収録曲をカバー。「ゴールデン・スランバーズ」「カム・トゥゲザー」「サムシング」などロックをジャズのテイストで録音したクロスオーバー。後のフュージョンだ。

このアルバムのメンバーは、ロン・カーター（ベース）、ハービー・ハンコック（ピアノ、オルガン、ハープシコード）、ボブ・ジェイムス（ピアノ、オルガン、ハープシコード）、フレディ・ハバード（トランペット）など。マイルスのレコーディングで一緒に演奏したロンやハービーを起用している。

ベンソンは「ゴールデン・スランバーズ」や「オー・ダーリン」で歌い、「カム・トゥゲザー」や「サムシング」はインストゥルメンタルのバージョンだ。

このアルバムは好評を得た。ベンソンのマルチプレイヤーぶりが証明された。

こうした紆余曲折、創意工夫が後の『ブリージン』の世界的なヒットにつながったのだろう。『ブリージン』に収録した「マスカレード」で、ベンソンがギタリストとしてだけではなく、ヴォーカリストとしても十分に成熟した音楽家だということを証明した。

ゲイリー・バートンの楽屋に押し掛けたパット・メセニー

「生まれてから17年間はとても平穏な日々だった。ところが18年目からは僕自身びっくりするようなことがずっと続いている」

このように話してくれたのはギタリストのパット・メセニー。パットには、1999年に西新宿のヒルトン東京でインタビューした。パットはほぼ一年中、世界中をツアーでまわっている。このときも東京に着いた日に貴重な時間を分けてくれた。翌日からはブルーノート東京で1週間のギグを行っている。

パットは1954年にミズーリ州カンザスシティで生まれた。ギターを始めたのは13歳のとき。独学で腕を磨いた。本人いわく、自信に満ちあふれていた。

「18歳のとき、僕はゲイリー・バートンのギグを観に行って、終演後の楽屋を訪れた」

ゲイリーはヴィブラフォンのレジェンド。学生が突然訪ねてきたので驚いた。そして彼の発言にさらに仰天した。

「僕はあなたのバンドの曲は全部演奏できます。バンドに入れてください」

ゲイリーは、アタマのおかしな青年が来たと思ったに違いない。

「あのとき、僕のなかにはいくつかの感情が入り混じっていたと思う。すごく興奮していた。すごく緊張もしていた。当時のゲイリーのバンドは、僕にとって世界で最高だった。世界中の音楽ファンにとってのビートルズのような存在だった。そのバンドの楽屋を訪ねたのだから、大変な勇気が必要だったし、自信も必要だった。若いときは、世界を知らない。自分のほんとうの実力もわからない。だから、根拠もなく自信に満ちている。僕は田舎町の狭い地域でギターがうまいと褒められていたにすぎない。オレならできる！　と思い込んでいたんだ。ゲイリーに会えば、ギタリストとしての僕の世界は開けると信じて、それをまったく疑っていなかった」

勢いに押されたのか、ゲイリーは青年にそこでギターを弾くように言った。そんなに期待はしていなかっただろう。ところが、青年は美しいギターの演奏を披露した。

ただし、パットはすぐにゲイリーのツアーに参加したわけではない。ゲイリーのバンドにはミック・グッドリックというギタリストがいた。しかし、しばらくして名案が浮かぶ。ミックには6弦、パットには12弦を担当させることで、ゲイリーはバンド内で二人のギタリストが共存できる環境をつくった。

「今ふり返ると、あのころの僕はまだゲイリーのバンドのメンバーになるレベルには達していなかったと思う。カンザスシティではちょっと名の知れたギタリストだったけれど、ゲイリーのような一流のミュージシャンと一緒にやっていたわけではないからね。でも、18歳の僕にはそんな客観的な自己判断はできなかった。若さゆえの自信と愚かさが僕にあんな行動をやらせてしまったのだ。でも、結果的に幸運をつかむことができた。自分で、やりたい！　と強く思えば、願いが実現することもある。僕はそれを証明できたと思う」

『アメリカン・ガレージ』『トラヴェルズ』、パット・メセニー・グループの哀愁

パット・メセニーのギターはとろけるような音色。そして、どこかしら素朴さがにじむ。土の匂いがある。

「僕の演奏は確かに、素朴さや、土の匂いがあるといわれる。正しい感想だと思うよ。なぜならば、素朴さは僕そのものだからだ。僕そのものが音楽になっているから、音が素朴なんだよ」

彼の音色からはアメリカの大地を感じる。

「僕はニューヨークのような都会で生まれたわけではない、ミズーリ州カンザスシティという小さな町で生まれて、17年間暮らしていた。田舎で生まれ育ったバックグラウンドを隠すつもりはまったくない。自分を育ててくれた環境を受け入れて、その後もずっと音楽をつくり続けている」

そう語るパットの30歳までのアルバムから主観で選んだのは、パット・メセニー・グル

ープの『アメリカン・ガレージ』『トラヴェルズ』と、ソロ・リーダー作の『80／81』の3枚。

18歳でゲイリー・バートンのバンドに参加したパットは、カンザス州ウィチタで開催されたフェスで、その後長く盟友となるピアニスト、ライル・メイズと出会う。意気投合したメイズの力を得て、1977年に2枚目のリーダー作『ウォーターカラーズ』を録音。同時期にゲイリーのバンドを離れ、メイズとともにパット・メセニー・グループを結成した。

『アメリカン・ガレージ』は、1979年に録音されたメセニー・グループの2枚目のアルバム。全5曲をパットとライルが作曲した。メンバーはパットとライルのほかに、ダン・ゴットリーブ（ドラムス）とマーク・イーガン（ベース）。ジャケット写真の青空のようにさわやかなサウンド。風のような、さざなみのようなギターが聴ける。カウントでスタートするタイトル曲「アメリカン・ガレージ」はいつ聴いても気持ちが上がる。

『トラヴェルズ』は、メセニー・グループの1982年に行ったツアー、約80本からクオリティの高い演奏をセレクトした2枚組のライヴ盤。メンバーは、パット、ライル、ダン、スティーヴ・ロドビー（ベース）、ナナ・ヴァスコンセロス（パーカッションなど）。198

4年のグラミー賞「ベスト・ジャズ・フュージョン・パフォーマンス」賞を受賞した。

タイトル曲「トラヴェルズ」やラストの「想い出のサン・ロレンツォ」からはとくに郷愁を感じ、パットのギターの持つ素朴さや土の匂いが体験できる。広大なアメリカの大地の景色が脳内に広がる。

クルマを運転しながらこのアルバムを聴きどこまでも続く田舎道を走ると、情緒的な気持ちになる。まるで人生をリアルに旅しているようで、涙腺がゆるむ。

若い時代のパットは、パット・メセニー・グループで活動しながらも、ソロ作も積極的に録音している。1975年、21歳でソロ・リーダー作を録音した。タイトルは『ブライト・サイズ・ライフ』。全8曲をパットが作曲。フロリダ州のマイアミ大学で懇意になった超絶技巧の天才ベーシスト、後にウェザー・リポートに参加したジャコ・パストリアスがほとんどの曲で演奏している。

続いて『ウォーターカラーズ』『ニュー・シャトークァ』をリリースし、1980年に録音したのが『80/81』だった。

ソロ・プロジェクトの『80/81』はメセニー・グループとは異なり、ストレート・アヘッドのジャズのアプローチ。録音した顔ぶれがそれを如実に示している。

ジャック・デジョネット（ドラムス）、チャーリー・ヘイデン（ベース）、マイケル・ブレッカー（テナー・サックス）、デューイ・レッドマン（テナー・サックス）。ジャズ・シーンのレジェンドたちを起用している。

さらさらと鳴るパットのギターをバックにテナーがブロウし、ドラムスとベースがつくる音のキャンバスの上でギターが絵画のように景色を描いていく。

LARRY
CARLTON
JACO
PASTORIUS
MICHAEL
BRECKER

第**3**章
ロックの洗礼

フュージョンの波

この章では、1970年あたりから始まったフュージョン・ブームで活躍したアーティストのアルバムをその背景とともに紹介したい。

1960年代終盤までの音楽は、ジャンル分けが明確だった。ジャズ、クラシック、ロック……、それぞれのワクのなかで活動し、異なるジャンルのミュージシャンとはほとんど交流しなかった。ジャズではエレクトリックの楽器で演奏されることは少なく、ロックでアップライトのベースやヴァイオリンが使われるケースもまれだった。

そんな状況が1970年前後から変わってきた。ジャズとロックをクロスした音楽が増えた。

AOR（アダルト・オリエンテッド・ロック）のおしゃれさとジャズのムーディな雰囲気を融合した音楽は最初はクロスオーバー、やがてフュージョンと言われるようになる。

この時期、ジャズ・ミュージシャンたちは競うようにエレクトリックの楽器を使うようになった。第2章で述べたようにマイルス・デイヴィスは1968年の『マイルス・イン・

ザ・スカイ』でジョージ・ベンソンを起用。エレクトリック・ギターを弾かせた。ハービー・ハンコックにはフェンダーのローズ・ピアノを演奏させた。翌1969年の『イン・ア・サイレント・ウェイ』と1970年の『ビッチェズ・ブリュー』では、さらに大きくエレクトリックに舵を切り、チック・コリアとジョー・ザビヌルにもフェンダー・ローズを弾かせている。

チック・コリアは、1972年に自分が演奏するフェンダー・ローズの透明感のある音をフィーチャーした『リターン・トゥ・フォーエヴァー』を録音。このアルバムはフュージョン・ブームの本格的な幕開けの象徴として、長く聴かれ続けている。ここでチックはエレクトリック・ベースのスタンリー・クラークを起用。パートナーシップを築き、その後アルバム・タイトルのリターン・トゥ・フォーエヴァーはバンド名にもなった。

翌1973年には、ハービー・ハンコックがジャズ・ファンクのアルバム『ヘッド・ハンターズ』を録音。ハービーはフェンダー・ローズをはじめ、エレクトリック・ピアノを演奏。エレクトリック・ベースのポール・ジャクソンを起用した。

チックの『リターン・トゥ・フォーエヴァー』、ハービーの『ヘッド・ハンターズ』、どちらも世界的なヒットとなり、ジャズのエレクトリック化は加速した。

日本で大ブームになったラリー・カールトンとリー・リトナー

日本ではフュージョン系のギタリストの音楽がとくに好まれた。ラリー・カールトンやリー・リトナーはちょっとしたブームにもなった。

1948年にカリフォルニア州トーランスで生まれたラリー・カールトンはザ・クルセイダーズを経てソロになる。ラリーが30歳のとき、1978年にリリースしたヒット作が『夜の彷徨《さまよい》』。このアルバムの一曲目「ルーム335」は、当時日本のFMラジオでは毎日のように流れ、今もラリーの代表曲として聴かれている。

335とはラリーが愛用するギター、ギブソンの335だ。

「1969年から1970年、スタジオでのセッションが急に忙しくなり、小さな楽器店で手に入れたのが335だった。あの時期はジャズだけでなく、ポップからカントリーまでさまざまなセッションに呼ばれた。だから、多彩な音を表現できるギターがほしかった。ギブソンの335はまさしくオールマイティなギターだ」

2000年にヒルトン東京でラリーをインタビューしたときに語っていた。

『夜の彷徨』のメンバーは、ドラムスがジェフ・ポーカロ、ベースはエイブラハム・ラボリエル、キーボードはグレッグ・マディソン、パーカッションはパウリーニョ・ダ・コスタ、コーラスにウィリアム・スミス、コンサート・マスターはジェリー・ヴィンチ。ジャズのメイン・ストリームにいるミュージシャンとは違う顔ぶれ。アメリカの西海岸で活動するメンバーが中心。ドラマーのジェフ・ポーカロはロック・バンド、TOTOのリーダーだった。

若い時代のラリーは、西海岸のさわやかなサウンド。しかしその後のキャリアで、ラリーのギターの音は明らかに変わった。

1988年、自宅前でラリーは暴漢に撃たれ、生死の境をさまよう。死の淵から生還したラリーの音は徐々にブルージーになっていった。活動の拠点もカリフォルニアから、アメリカ南部テネシー州のナッシュビルに移した。

「ミュージシャンのキャリアには〝音楽の季節〟がある。1970〜1980年代は、僕にとってフュージョンの季節だった。当時のロサンゼルスではああいう音が好まれた。でも僕には自覚はなくて、好きな音楽をただ一所懸命演奏していたら、あのスタイルになったんだ。そして1990年代からは徐々にブルースの季節に変わっていった。今の僕のギターはすっかりブルージーで、フュージョンを演奏する技術は失われてしまったとすら感じているよ」

2019年にブルーノート東京のバックヤードでインタビューしたときに語っていた。

一方、リー・リトナーは1952年にカリフォルニア州ロサンゼルスで生まれている。1976年、24歳のときにリーダー作『ファースト・コース』をリリース。やはり西海岸のミュージシャンが中心。翌1977年にリリースした『キャプテン・フィンガーズ』がヒットした。メンバーは、ジェフ・ポーカロ（ドラムス）、ハーヴィー・メイスン（ドラムス）、マイク・ポーカロ（ベース）、アンソニー・ジャクソン（ベース）、アルフォンソ・ジョンソン（ベース）、デイヴ・グルーシン（キーボード、シンセサイザーなど）、デイヴィッド・フォスター（エレクトリック・ピアノ）、レイ・パーカー・ジュニア（ギター）など豪華な顔ぶれだ。

全7曲、その曲のテイストに合わせてがらりとメンバーを替えている。ラリー・カールトンの『夜の彷徨』と同様、ジャズのメイン・ストリームではなく、ロック・ポップ系のプレイヤーが主。リズムセクションはTOTO。ジェフとマイケルのポーカロ兄弟だ。

「1970年のころ、フュージョンはクロスオーバーと呼ばれていた。ジャズとロックをクロスするという意味でね。この言葉はもうほとんど使われなくなってしまったけれど、新しい音楽をつくろうという精神を僕は今も大切にしている。ジャズにブラジル音楽やアフリカの音楽をクロスして、新しい音楽を自由につくっていきたい。ジャズと日本の音楽、伝統的な邦楽をクロスしてもおもしろいと思う」

1999年にキャピトル東急ホテルでリトナーをインタビューしたときに語っていた。テーマはあるものの即興によって原形をとどめないくらいに即興を行うこともあるストレート・アヘッドなジャズと違い、キャッチーなイントロがあり、フュージョンの多くはおしゃれなメロディがある。ミュージシャン同士が火花を散らすようなことも少ない。そういう音楽が1970年代には支持された。

メセニー、ブレッカー、ジャコを起用した『シャドウズ・アンド・ライト』

第2章の最後にパット・メセニーが20代で参加したアルバムを取り上げているが、ジャズとロック、両方の要素を持つアルバムをもう一作あげておきたい。

パットのリーダー作ではなく、シンガーソングライターのジョニ・ミッチェルが1979年にカリフォルニア州サンタ・バーバラで行ったギグを収録した2枚組のライヴアルバム『シャドウズ・アンド・ライト』だ。ロックとジャズの融合という意味では、結果的に、フュージョン的な考え方の作品だったかもしれない。

このアルバムのメンバーは、ジャズのフィールドで活躍する当時の若手のなかでも抜群に腕利きのミュージシャンが中心。ドン・アライアス（ドラムス、パーカション）、ジャコ・パストリアス（ベース）、マイケル・ブレッカー（テナー・サックス）、パット・メセニー（ギター）、ライル・メイズ（キーボード）、パースエイジョンズ（ヴォーカル）。パットもライルもジャコも20代。マイケルは30歳だった。ジャコもマイケルもライルも今この世にはいない。

演奏曲は「コヨーテ」「逃避行」「黒いカラス」「パリの自由人」「シャドウズ・アンド・ライト」などジョニの作品が中心。精神を病みドラッグに蝕まれ35歳で早逝した天才ベーシスト、ジャコが音楽家として充実していた時期の演奏を聴ける。

ジャコはフェンダーのフレットレス（ネックの指板にある音階を区切る金具がないモデル）のジャズベースで、音符では割り切れないメロディアスなラインを自在に弾いている。太くうねるように楽器が歌っている。前半部のパットのギターソロはやはりとろけるようだ。マイケルのテナーも歌いまくる。

『シャドウズ・アンド・ライト』は映像作品にもなっているので、そちらも楽しんでほしい。若き日のパットやマイケルやジャコが躍動している。

ジョニがジャズ・ミュージシャンと一緒に音楽をやることには強い思いがあった。彼女は『シャドウズ・アンド・ライト』の前年に『ミンガス』を録音した。ベーシストで〝ジャズの巨人〟チャールズ・ミンガスへのレクイエムだった。

そもそもこのアルバムは、ミンガスとジョニの共作としてスタートした。ミンガスからのオファーだった。

二人はニューヨークで対面し意気投合。アルバム制作を決める。このとき、ミンガスは二人のアルバムのためにすでに6曲持参。ジョニもさっそく作詞に取り掛かった。

「初めて彼の顔を見た時、彼の顔はとても楽しそうで茶目っ気たっぷりに見えました。そしてたちまちのうちに、私は彼を好きになってしまいました」

『ミンガス』のライナーノートでジョニはつづっている（対訳・山本沙友理）。

しかし、ミンガスはアルバムのレコーディングに立ち会ったものの、完成を見届けることができなかった。ALS（筋萎縮性側索硬化症）で1979年1月5日に滞在先のメキシコで永眠した。享年56。ALSは筋肉が萎縮していき動けなくなり死にいたる難病で、今も治療法が見つかっていない。

ミンガス亡き後もジョニはアルバム制作をつづけ、完成させた。メンバーは、ウェイン・ショーター、ハービー・ハンコック、ジャコ・パストリアスなどジャズのフィールドで活躍するレジェンドたち。

こうした背景で、ジャズへの意識が高まったジョニが次にリリースしたアルバムが『シャドウズ・アンド・ライト』だった。『ミンガス』に続き、ジョニはジャズのミュージシャンを積極的に起用した。

ウェザー・リポートの黄金期はジャコ・パストリアスの青春期

フュージョン全盛の時代、もっとも質の高い音楽をつくっていたバンドの一つは、ウェザー・リポートだろう。

ウェザーは、1950年代にメイナード・ファーガソン・ビッグバンドの仲間だったキーボード・プレイヤーで作曲家のジョー・ザビヌルとサックス奏者のウェイン・ショーターが、『ビッチェズ・ブリュー』時代のマイルスのバンドで再会したことをきっかけにスタートする。

結成時のメンバーは、ザビヌル（キーボード）、ウェイン（サックス）、アルフォンス・ムゾーン（ドラムス）、ミロスラフ・ヴィトウス（ベース）、アレックス・アクーニャ（パーカッション）、ドン・ウン・ロマン（パーカッション）。その後メンバーチェンジをくり返し、バンドのサウンドも変わっていった。

ウェザーは、ミロスラフ・ヴィトウス、アルフォンソ・ジョンソン、ジャコ・パストリアス、ヴィクター・ベイリーと、ベーシストがチェンジすることによって、音が大きく変化した。

圧倒的だったのは、ジャコが在籍した1976~1981年だろう。1987年に35歳で早逝したジャコの20代。ミュージシャンとしての青春期をウェザーで活動した。

ジャコは、1951年にペンシルベニア州ノリスタウンで生まれた。小学生のときに家族でフロリダ州フォートローダーデールに引っ越し、高校生のときにベースを弾き始める。

高校を出てバンドを組むようになったころには、「僕は世界一のベーシスト」と言うようになっていた。これはジャコの常套句で、彼は死ぬまで自分は世界一のベーシストだと言っていた。

1975年、フロリダ州マイアミのガスマン・シアターでウェザー・リポートがギグを行ったときに、ジョー・ザビヌルとジャコが出会ったエピソードが、ジャーナリストのビル・ミルコウスキー著『ジャコ・パストリアスの肖像』(リットーミュージック刊)に書かれている。このノンフィクションは、ジャコの周辺がよく取材されている良書だ。

二人は次のような会話を交わした。

ジャコ「あんたの音楽はキャノンボール・アダレイの頃から聴いていて、大好きだ」

ジョー「それで何か用でもあるのかい?」

ジャコ「俺の名前はジョン・フランシス・パストリアス三世で、世界最高のエレクトリック・ベース・プレイヤーなんだ」

ジョー「あっちへ行けよ!」

(以上『ジャコ・パストリアスの肖像』より)

これはジャコが24歳のとき。音楽シーンでの知名度の低いころの出来事だ。ザビヌルは、アタマのおかしな青年が自分を売り込みに来たと思っただろう。ザビヌルは冷たくあしらうが、それでもジャコは去ろうとしない。根負けしたザビヌルはジャコにデモテープを届けるように言った。

翌日届いたカセットテープを聴き、ザビヌルはジャコの技術の高さに驚愕する。しかし、バンドに誘いはしなかった。当時のウェザーには二代目のベーシスト、アルフォンソ・ジョンソンがいてバンドは正常に機能していた。

『ジャコ・パストリアスの肖像』の衝撃

この年、ジャコはファースト・リーダー作を録音している。『ジャコ・パストリアスの肖像』だ。メンバーは、レニー・ホワイト（ドラムス）、ナラダ・マイケル・ウォルデン（ドラムス）、ハービー・ハンコック（キーボード）、マイケル・ブレッカー（テナー・サックス）、デヴィッド・サンボーン（アルト・サックス）、ウェイン・ショーター（ソプラノ・サックス）、ランディ・ブレッカー（トランペット）、サム・ムーア（ヴォーカル）など。

一曲目の「ドナ・リー」から度肝を抜かれる。ベースが太いラインで歌いまくる。「カム・オン、カム・オーヴァー」のようなヴォーカル曲では、シンガーとジャコのベースがデュオで歌っているようだ。

バンドにおけるベースのもっとも大切な役割の一つは、楽曲にグルーヴを生むことだ。そしてリズムを刻むドラマーとのコミュニケーションで、音楽の土台を支えていく。ジャコのベースは、サウンドの土台を築きながらも自由に歌う。ベースの概念にとらわれない演奏だった。

ジャコのメジャー・デビューには、ちょっとした運が味方している。

エピック・レコードでプロデューサーをしていたボビー・コロンビーがフォートローダーデールのビーチで美女に声をかけた。いわゆるナンパだ。彼女はトレイシーといい、残念だが既婚者で夫は「世界最高のベース・プレイヤー」だという。

ボビーはもちろん信用しない。からかい半分で「それなら演奏を聴いてみたいものだ」と言い、自分の素性を明かした。すると、彼女の夫は翌日本当にボビーのいるクラブを訪れた。裸足で、ベースギターとバスケットボールを抱えている。

「俺がジャコ。トレイシーの夫だ」

裸足の男が言った。

「君が世界最高のベース・プレイヤーかい？　会えて光栄だよ」

そんな会話を交わした。

ボビーはまだからかいモードでいる。しかし、ジャコがベースをアンプにつなぎ演奏を始めた途端仰天した。まさしく世界最高のベース・プレイヤーの音だった。

その日に演奏した曲のなかには、チャーリー・パーカー作の「ドナ・リー」やジャコのオリジナル曲「トレイシーの肖像」など『ジャコ・パストリアスの肖像』で録音されることになる曲があった。

ボビーはジャコをニューヨークに呼び、エピックのヘッド、スティーヴ・ポポヴィッチの前で演奏させた。ポポヴィッチも仰天。録音にゴーサインを出す。ボビーはこの天才ベーシストの録音に、サム＆デイヴのサム・ムーアや、ブレッカー兄弟や、ハービーやウェインなど一級のミュージシャンを起用する手はずを整えた。

青春のまま永眠したジャコ

翌1976年、ウェザーがアルバム『ブラック・マーケット』を録音しているさなか、アルフォンソが脱退し、CBSオールスターズに参加してしまう。困ったザビヌルとウェイン・ショーターは、ウェザーの3代目のベーシストにジャコを呼び、ウェザーは黄金期を迎える。ジャコの青春期は、ウェザーの黄金期と重なるといっていいだろう。

ジャコはさっそくレコーディング中の『ブラック・マーケット』に参加。最終的に、全7曲のうち5曲をアルフォンソ・ジョンソン、2曲をジャコが演奏している。

そしてジャコが25歳の1977年、ウェザー・リポートの代表作で、発売即50万枚のセールスを上げたバンド最大のヒット作、『ヘヴィー・ウェザー』をリリースする。「バードランド」「お前のしるし」「ティーン・タウン」「アルルカン」……。『ヘヴィー・ウェザー』は全8曲、名曲ぞろいのアルバムだ。

ザビヌルはこのころのジャコについて、次のように語っている。

「彼がバンドに参加したときは檄しやすい若造だった。ウェインと私はすでに四十代に突入していたのに、ジャコがバンドにエネルギーとカリスマ性をもたらしてくれたおかげで、私達まで若々しい気分でいられた。ジャコのスタミナは驚異的だったね。十六分音符のラインを、ものすごく速いテンポで繰り返し弾き続け、まったく遅くなったりしくじったりしなかった」(『ジャコ・パストリアスの肖像』より)

メンバーは、ザビヌル（キーボード）、ウェイン（テナー・サックス、ソプラノ・サックス）、アレックス・アクーニャ（ドラムス）、ジャコ（ベース）、マノロ・バドレーナ（パーカッション、ヴォーカル）。

特筆すべきなのは、プロデューサーはザビヌルで、アシスタント・プロデューサーがウェインで、彼らよりひとまわり以上若くこのアルバムで初めてフル参加するジャコがコ・プロデューサーとクレジットしていること。バンドにおいてとても重要なポジションにジャコを置いている。

ジャコがウェザーを離れたのは1982年。キーボード主体のバンドになっていくプロセスで、ザビヌルとの意思疎通ができなくなっていったと伝えられている。

ウェザーを辞めたころから、精神的な問題からジャコには奇行がさらに目立つようになった。ニューヨークの屋外のバスケット・コートでホームレスと寝起きをしたり、イースト・リヴァーにダイブしたり。1986年には精神科の病棟に入院した。退院後はアルコールとドラッグ漬けになり、レストランで暴れ、レコードを盗み、クルマを盗み、路上で生活し、線路の上でも眠り、度々ポリスに連行された。

1987年9月12日、ジャコはフォートローダーデール郊外のバー、ミッドナイト・ボトル・クラブで入店を断られ、バーの用心棒と乱闘になった。用心棒はマーシャルアーツの経験者だった。ジャコは頭蓋骨骨折、顔面骨折、右眼球破裂で血の海に沈んだ。

そして意識不明のまま入院——。

9月19日に脳内血管が破裂し、翌20日には脳死状態に。

9月21日、ジャコの家族は生命維持装置をはずす決断をした。

享年35。

世界一のベーシスト

1999年に当時ロサンゼルスで暮らしていたウェイン・ショーターを訪ねたとき、仕事場の壁には彼自身が参加したたくさんのギグの写真が飾られていた。マイルス・デイヴィスのクインテット、カルロス・サンタナとの共演、そしてウェザー・リポートのステージの写真もあった。

「すべてのベーシストのなかで一番すぐれていたのはジャコだ」

ウェインははっきりと言った。

ロン・カーター、デイヴ・ホランド、ミロスラフ・ヴィトウス、アルフォンソ・ジョンソン、マーカス・ミラー……。ウェインはたくさんの一流ベーシストと共演してきた。しかし、一番はジャコだという。

「ジャコは常に精神的に不安定で、ウェザー・リポート時代も、僕たちの手に負えない奇行が続いていた。精神異常者のようだった。いつでもどこでも走り回り、自分のことを〝世界一のベーシスト〟と言っていた。でも、彼の心は繊細で、演奏も繊細だった。そして、若者たちとのコミュニケーションは抜群だった。その上、彼は常に音楽で冒険する心を忘れない。純粋に音楽を楽しむことを追い求めていたよ」

写真のジャコを示して、ウェインは話をつづけた。

「彼はね、人間としてはとても視野が狭い。それなのに、とてもたくさんのことを察する心を持っていた。ジャズだけでなく、ロック、クラシック……あらゆる音楽を正しく理解して演奏する力があった。楽しみながらね。音楽は楽しまなくてはいけない。それをジャコはよく知っていた」

ロックを経由したマイケル・ブレッカーの『ヘヴィ・メタル・ビ・バップ』

ジョニ・ミッチェルの『シャドウズ・アンド・ライト』に、ジャコ・パストリアス、パット・メセニーとともに参加、テナー・サックスを演奏していたマイケル・ブレッカーは当時30歳だった。

1949年にペンシルベニア州フィラデルフィアで生まれたマイケルは10代のころ、ジャズを聴き、やがてロックを聴き、フュージョンからキャリアをスタートして、原点ともいえるジャズに戻った。

「最初僕は、マイルス・デイヴィス、ジョン・コルトレーン、ソニー・ロリンズの音楽を勉強した。それで思った。もう僕にやれることはない、と。ジャズに関しては、偉大なレジェンドたちによって語彙が使われつくしてしまったと感じたんだ」

マイケルには生前いく度もインタビューさせてもらった。その最初が1999年。場所は東京・恵比寿のウェスティンホテル東京だった。

「やがて僕はジャズ以外の音楽を聴くようになった。ビートルズ、ジミ・ヘンドリックス、ジェイムス・ブラウン、エリック・クラプトン……」

プロのミュージシャンとしてのスタートもロックだった。

「ジョン・レノンやブルース・スプリングスティーンの音楽が僕のキャリアのスタートだった。初めて日本に来たのは確か1974年。ヨーコ・オノ&プラスティック・オノ・スーパー・バンドのツアーだよ」

このように、ジャズとロックを聴き演奏してきたマイケルが兄、ランディ・ブレッカー（トランペット）とのユニット、ブレッカー・ブラザーズでデビューしたのは1975年。28歳のときだった。

マイケルの若い時代の代表作は、1978年にブレッカー・ブラザーズとしてリリースした『ヘヴィ・メタル・ビ・バップ』だろう。タイトなリズムセクションの上で力いっぱい演奏するブラスセクションが魅力。「ファンキー・シー、ファンキー・デュー」でのマイケルのテナー・ソロには興奮させられる。フュージョンの代表作の一つだ。

メンバーは、テリー・ボジオ（ドラムス）、アラン・シュワルツバーグ（ドラムス）、ニール・ジェイソン（ベース、ヴォーカル）、バリー・フィナティ（ギター）、ポール・シェイフアー（キーボード）など。

マイケルがストレート・アヘッドのジャズ・ミュージシャンとして初リーダー作をリリースしたのは1987年。アルバム『マイケル・ブレッカー』まで待たなくてはならない。

「僕はなにを行うにもゆっくり進む。先を急がずに、確実に進んでいくタイプだ。サクソフォンも、子どものころ、すごく時間をかけて技術を身につけていった。まずレコードを聴く。気に入ったフレーズを見つけたら、声を出して歌ってみる。その後に実際に演奏する。気づいたことがあったら、日付とともにノートに書く。そうやって自分の演奏をつくり上げてきたんだ。当時のノートは今も山積みされている」

ロックを経てジャズを演奏するようになると、以前は気づかなかった新しい音の景色が見えた。

「上の世代のレジェンドたちによってジャズの語彙は使われ果たしたと思っていたけれど、長い間ロックやR&Bを演奏して再びジャズと向き合ったときは、目の前に真っ白い画用紙を広げられたように思えた。まだまだやれることはたくさんあるとわかった。ジャズから離れて初めて、ジャズの魅力や可能性に気づかされたんだ」

ジャズとロックやクラシック、ジャンルの壁が取り払われていくなかで、マイケルは王道のジャズへの思いを強くしていった。

「いろいろな音楽を体験してきたけれど、僕はあくまでもジャズの演奏家だと自分では思っている。ジャズが大好きだ。理由は、たぶん僕がサクソフォン奏者だからではないかな。サックスという楽器はジャズを演奏するときに最高のパフォーマンスができるから、楽しい。それに、僕が体験してきた音楽に関して言うと、ロック・シーンよりもジャズ・シーンのほうが優秀な音楽家が多い。ジャズを続ければ、腕利きのミュージシャンたちと演奏できる」

2007年1月13日、マイケル・ブレッカーは永眠した。享年57。骨髄異形成症候群だった。白血病の一種だという。

ビッグバンドで身につけたコブのある演奏

ジャズを演奏しながらも、20代でロックの影響を大きく受けたミュージシャンに、ブランフォード・マルサリスがいる。ブランフォードは1980年代、スティングの『ブルー・タートルの夢』『ブリング・オン・ザ・ナイト』『ナッシング・ライク・ザ・サン』に参加。

ワールドツアーもまわり、スティング・バンドのバンマスの役割を担っていた。

ブランフォードは、1960年にルイジアナ州のブロー・ブリッジで生まれ育った。マルサリス家はジャズ界では有名な音楽一家。父親のエリス・マルサリスはピアニスト、一つ違いの弟のウィントン・マルサリスはトランペット奏者。

ブランフォードはピアノから始め、小学生のときにクラリネット、15歳でアルト・サックスを始めた。

「弟のウィントンは最初からトランペットをやりたがっていた。僕はピアノを弾いていたけれど、小学校の楽団に入るには、管楽器をやらなくてはいけなかった。それで父にトランペットをねだったら、ウィントンと重なるという理由で許されなくて、クラリネットにしたんだ。中学に入ってからはパンク・バンドを始めた。僕はキーボードに戻りたかったけれど、バンドのなかにすごくうまいやつがいて、しかたがなくアルト・サックスにしたんだ」

ブランフォードには1999年に初めてインタビューした。ニューヨーク郊外、ウェスト・チェスターにあった彼の自宅を訪ね、青々とした芝が広がる庭に面したテラスでジョッキになみなみと注がれたオレンジジュースを飲みながらインタビューした。

「20代になって参加したアート・ブレイキー&ザ・ジャズ・メッセンジャーズで、僕はサックス奏者としてのフィジカルができたと思っている。僕にとって、とても重要なのは音が大きいこと。大音量には安心感がある。僕はいつも〝コブがある〟という言い方をしているけれど、リスナーの喉もとをグイとつかんで離さないような力強い演奏ができることが大切だと思っている。かつて、チャーリー・パーカーがそうであったようにね。でも残念ながら、そういうフィジカルの強い演奏家が少なくなっている。理由は、まずマイクの性能が向上して、生の音量が少なくても録音できるようになったこと。次に、ビッグバンドの経験者が減っていることだと思う。人数の多いビッグバンドでは、大きい音でなくてはならない。音が小さいと自分で自分の音も聴こえない。だから、ビッグバンド出身の演奏家はたいがい音が大きい」

音の大きさは経験から身につけるしかないと、ブランフォードは話した。

「教則本には書かれていないからね。フィジカルを鍛えるしかないんだ。それなのに、多くのミュージシャンはスケールやパターンの習得など技術の習得に向かってしまう。上手に演奏することに時間をかける」

ウィントン・マルサリスのバラード集『スターダスト』

1982年、先にリーダーバンドを持ち、ジャズ・シーンで実力を認められたウィントンのクインテットにブランフォードは参加する。このとき、ブランフォードはアルトからテナーに持ち替えた。

「ウィントンはテナーを探していたからね」

ウィントンはブランフォードに相談してきた。

「誰かいいテナーを知らないかい？」

「いるよ」

「誰？」

「ここにいるじゃないか。僕だよ。今日からテナーをやる」

そう言ってテナー・サックス奏者になった。ブランフォード22歳。ウィントンは21歳。

兄弟そろって演奏していた時代のウィントンのクインテットでここで一枚取り上げるとしたら、あくまでも主観的な選択だが、ストリングスと共演したバラードのアルバム『スターダスト』だろう。

話題になった初リーダー作『ウィントン・マルサリスの肖像』をあげるリスナーも多いかもしれない。しかし、若いころのウィントンの演奏には、才能が豊かであるがゆえの傲慢さを感じてしまう。

その点、『スターダスト』は自意識が薄れ、「スターダスト」や「メランコリア」には温かさが感じられる。ストリングスとの共演も自然に響いている。

ウィントンのほかのメンバーは、ジェフ・ワッツ（ドラムス）、ロン・カーター（ベース）、ケニー・カークランド（ピアノ）、ブランフォード・マルサリス（テナー・サックス、ソプラノ・サックス）、ケント・ジョーダン（フルート）。そして、ロバート・フリードマン・オーケストラ。

『スターダスト』ではいわゆる古典的なモダン・ジャズの魅力を体験できる。

そしてこのアルバムでは、ケニー・カークランドが力強く、それでいて温かいピアノを聴かせてくれている。

ブランフォードとケニー・カークランドの青春

ブランフォードとケニーが出会ったのは1979年。当時、ブランフォードはボストンのバークリー音楽大学の学生だった。バークリーは、クインシー・ジョーンズ、キース・ジャレット（中退）、ゲイリー・バートン、ダイアナ・クラールなども通った名門。日本人も、穐吉《あきよし》敏子、大西順子、小曽根真、上原ひろみなどが卒業している。

ブランフォード在学時の仲間に女性ベーシストのトレイシー・ウォームがいた。

ある日ケニーの話になり、トレイシーが自慢げに言った。

「ケニーなら、私、よく知ってるわよ」

しかし、ブランフォードは信用しなかった。

「彼女はいつも自慢話ばかりしていたからね。ニューヨーク生まれだったから、南部で生まれた僕をいつも田舎者扱いしていた。僕のほうは彼女をニューヨークのお嬢様扱いして、仕返ししていた。そのときもまた彼女のお得意の御自慢だと思って相手にしなかった。ケニーは僕よりも5つ年上で、ジャズ・シーンですでに評判のピアニストだった」

すると、トレイシーがむきになって言った。

「ほんとうによく知っているんだから！　だって、私のお姉ちゃんはケニーとつきあってるのよ！」

その言葉を聞き、ブランフォードもさすがにトレイシーを信じて、みんなでケニーに会いに行くことになった。メンバーは、ジャコ・パストリアスの後にウェザー・リポートに参加するベーシストのヴィクター・ベイリー、マーヴィン・スミッティ・スミス、ドナルド・ハリスン、それにトレイシーとブランフォード。一行はボストンからニューヨークまでクルマを飛ばした。

「ケニーはニューヨークの東30丁目のアパートに住んでいてね。着いた日から毎日、朝までセッションした。僕が『ジャイアント・ステップス』を演奏したら、ケニーに『ジャイアント・ステップス』をデヴィッド・サンボーンみたいに演奏するやつに初めて会ったとからかわれた。楽しかったよ」

ジャズ・シーンから生まれたスティング・バンド

1985年、前年にロック・バンド、ポリスの活動を休止したスティングがソロ活動をスタートするとアナウンスした。バンドメンバーは、スティングのほかはすべて20代のアフリカ系アメリカ人のジャズ・ミュージシャン。ドラムスは、ウェザー・リポートのオマー・ハキム。ベースは、マイルス・デイヴィスのバンドのダリル・ジョーンズ。ピアノはウィントン・マルサリスのバンドからケニー・カークランド。そして、ブランフォード。ウェザー、マイルス、ウィントンは大ダメージを受けた。

スティングのジャズへの思いは強い。ポリスの前、ラスト・イグジットというジャズ・バンドでベースを弾いていた。だから、一級のジャズ・ミュージシャンでバンドを組みたかった。その願いが実現したのがこのバンドだ。

ブランフォードたちはジャズ・シーンで「ロックに魂を売った」と批判される。

しかし、このバンドは圧倒的な演奏で世界中を驚愕させた。

「スティングにピアニストを紹介してほしいと言われたときには、一人だけ知っている、と答えた。ケニーのことだよ。僕にとって、ケニー一人だけを知っていれば十分だったからね。ジャズならOK、ソウルならOK、R&BならOK、というジャンル限定でOKのプレイヤーはたくさんいるけれど、オールラウンドで高いレベルの演奏ができるプレイヤーはほとんどいない。ケニーは、その貴重なプレイヤーだ」

ケニーは、ミュージシャンとしてのブランフォードにとって理想的なピアノ弾きでもあった。

「僕の父親、エリス・マルサリスはハードヒッターのピアニストだった。だから、僕はジャズのピアノは力強く弾くものだと思って育った。つまり、マッコイ・タイナーこそが世界最高のピアニストだと信じて疑わなかった。ハービー・ハンコックやチック・コリアのような音の温かさやスペースを大切にするピアニストの魅力を理解するのに時間がかかった。それでケニーだけど、ハードヒッターの、僕が子どものころから好んでいたマッコイの系統のピアニストだった」

ダリル・ジョーンズがマイルス・デイヴィスのバンドからスティングのバンドに移ったときのことは、マイルスの自叙伝でリアルに述べられている。

「スティングは、オレが払っている金なんか問題にならないほどの金を出していたから、ダリルが辞めることも十分に納得できた。これもデジャブー（既視感）だなと思ったが、考えてみれば、オレが誰かミュージシャンを使いたい時にも似たようなことをやってきていた。今度はオレがやられるだけのことだった」（『マイルス・デイビス自叙伝』より・以下同）

東京公演のときには、ダリルに対してマイルスは感情的に当たっている。ホテルのなかでヘッドフォンステレオのヘッドフォンを引きずりながら歩いていることをダリルに指摘されると、マイルスは怒鳴った。

「それがどうしたってんだ？　お前はもうオレ達と一緒じゃないんだから、なんの関係があるってんだ！　スティングに言ってやりゃいいじゃないか、お前の新しいリーダーだろうが」

感情的になったことを悔やんだマイルスは自室にダリルを呼んで話し合い、ダリルの心情を理解したという。

そして、ダリルが部屋を出るときに呼び止めた。

「ヘイ、ダリル、とてもよくわかったぜ。お前もお前の演奏も大好きだから、すべてうまくいくように祈ってるよ」

そう言って別れを告げた。

『ブリング・オン・ザ・ナイト』のグルーヴ

スティングがソロ・プロジェクトのバンドを結成した当初のメンバーで録音したアルバムでは、スティングのファースト・ソロ作『ブルー・タートルの夢』の完成度が高い。しかし、ジャズのグルーヴを体験できるのは、ライヴ・アルバム『ブリング・オン・ザ・ナイト』だろう。一曲目のタイトル曲「ブリング・オン・ザ・ナイト」から、自然と身体でリズムを刻んでしまうほどだ。

オマー・ハキムとダリル・ジョーンズのリズムセクションは強固。「ロー・ライフ」や「チルドレンズ・クルセイド」のブランフォードのソロや「ブリング・オン・ザ・ナイト」のケニーのソロも力強い。女性コーラスは、ドレット・マクドナルドとジャニス・ペンダーヴィス。

スティングのバンドに参加して、ブランフォードは主に2点で変わったという。

「まず、アプローチだ。当時ジャズのナンバーの導入は、それがまるでルールであるかのように、フォー・ビートかエイト・ビートのウォーキング・ベースのラインで始まる。でも、スティングは違った。僕たちは既成概念から解き放たれた。そして〝ハート〟で演奏する大切さを学んだ。ウィントンのバンドのメンバーは、みんな内省的な演奏をしていた。ソロはとても長くて、自分の行きたいところへなかなか到達できないジレンマを抱えていたんだ。だから、演奏の途中で止まったり迷ったりしていた」

スティングのギグでは、ジャズのアレンジでも、ポリスの楽曲はロック。オリジナルはレゲエのリズムが多い。

「ソロは8小節か、長くても16小節。だから、瞬間的にバシッ！　と決める演奏が要求される。こういう演奏は頭のなかで計算してできるものではない。ハートを燃やすしかない。しかもロックは音量が大きいから、サックスはかなりブロウしなくてはいけない。迷っている暇なんてなかった。瞬間で燃える演奏をスティングのバンドで身につけられた」

スティングのバンドを経て、ブランフォードはブランフォード・マルサリス・カルテットを組んだ。

「僕の演奏は、スティング・バンドに参加する前と後ではまったく違っていた。ソロはとてもアグレシヴになっていた」

『ブリング・オン・ザ・ナイト』の後、オマー・ハキムとダリル・ジョーンズはバンドを去ったが、ブランフォードとケニーは『ナッシング・ライク・ザ・サン』や『ソウル・ケージ』にも参加している。スティングの代表曲の一つ、「イングリッシュマン・イン・ニューヨーク」でも、ブランフォードは情緒的なソプラノ・サックスを演奏している。

ケニー・カークランドは1998年11月11日に鬱血性心不全で永眠した。享年43。

1999年6月、ニューヨーク西72丁目のビーコン・シアターで行われたケニーの追悼コンサート、「ケニー・カークランド・ミュージカル・セレブレーション」を観に行った。この夜、ブランフォード・カルテットがハウス・バンドとなり、生前のケニーと交流のあったミュージシャンが次々とパフォーマンスを行った。

終盤、ブランフォードのカルテットの演奏でスティングが歌った曲は「ディエンダ」。ケニーがブランフォードのアルバムのために書いたジャズだ。

ブランフォード、スティング、ステージ上のモニターに映るケニーの最後の共演になった。

第4章
レジェンドが欲した
青の時代のエネルギー

JOHN SCOFIELD DARYL JONES Marcus Miller

すぐれたミュージシャンとの出会いが自分をレベルアップ

ジャズはセッションの機会が多い。セッションこそジャズのだいご味であり、楽しさといっていいだろう。

セッションでは、そこにいるメンバーの演奏を聴き、自分の演奏で反応する。そこにまた別のメンバーが反応する。生きた音楽が生まれる。メンバーやリスナーやオーディエンスがびっくりするような魅力的な引き出しがどれだけあるか、アプローチができるかが、そのミュージシャンの魅力になる。

ジャズ・ミュージシャンになるということは、たとえて言うなら〝ジャズの国〟の住人になることといえるかもしれない。世界中のさまざまなミュージシャンと〝音楽という言語〟を通して交流できる。年齢が離れていても、国籍が違っても、肌の色が違っても、伝え合い、ステージの上では理解し合うことができる。

ミュージシャンたちは常に一緒に演奏する仲間を探している。レコードやCDを聴き、ギグを観て、腕利きを探す。腕利きのミュージシャンと出会えると、自分の音楽がさらに質の高い音になる。うまいミュージシャンと演奏すると、自分もうまくなる。レベルアップできる。下手くそと一緒にやっていると、自分も下手くそになる。たとえば、リズム感が狂ってくる。

ロック・シーンでは技術的に未熟なミュージシャンを見かける。5人組で、5人全員がハイレベルの演奏をするバンドはそれほど多くはない。ロックは、技術だけでなく〝味〟も評価される。また、ロックは音楽のジャンルを示すだけではなく、多くの場合、スピリッツや生き方も評価の対象になる。

また、演奏に多少難があっても、コンポーザーとして優れていれば世界的にリスペクトされる。たとえば、あの偉大なジョン・レノンは必ずしも技術の高いギタリストではなかった。手が小さかったこともあり、とくにビートルズの初期はショート・スケールのギターを愛用している。

ジョンは自著『ビートルズ革命』のなかで、次のように打ち明けている。

「私は、ある意味では、自分のギター演奏が気まりわるいのです、とてもへたですから。体を動かすことができないのです。しかし、ギターに語らせることはできます」（『ビートルズ革命』ジョン・レノン著・片岡義男訳・草思社）

自分の演奏に対して技術的には満足できていなくても、ギターに語らせることができる。それが〝味〟なのだろう。そして、ジョン・レノンがコンポーザーとして優れていることは、全世界の人が知っている。

一方、ジャズ・シーンの第一線には演奏技術に難のあるミュージシャンは稀だ。ジャズは瞬時に高度なプレイを求められるので、下手だと音楽そのものが成立しない。だから、ジャズ・ミュージシャンたちは常に鍛錬し、自分のレベルアップに努める。そして、レベルの高いミュージシャンと渡り合い、おたがいを高め合う。その努力をやめると、ジャズ・ミュージシャンとしてのキャリアは終わる。

そういう状況を考えると、ジャズ・ミュージシャンにとって、優れたメンバーと組むことは、自分をレベルアップすることと同じくらい重要だ。

黒澤明監督の代表作で世界的な名作の一つに、『七人の侍』がある。野武士に狙われている農村を救うために侍たちが闘う物語だ。

映画の前半部、百姓に最初に雇われた志村喬は、ともに闘う仲間を探し回る。宿でたずね、仲間に声をかけ、見込みのある侍を見つけると、自分の目で腕前を確かめる。後半部では、集めた仲間とともに野武士と闘う。

ジャズの国は『七人の侍』に近い。ニューヨークのジャズクラブをのぞき、腕利きがいないか、演奏を聴く。知り合いに会ったら、若くて活《い》きのいいミュージシャンがどこかにいないか、情報を仕入れる。そうやって集めた仲間とバンドを組み、音楽の勝負に臨む。実際、ニューヨークのジャズクラブに行くと、客席にはミュージシャンやプロモーターなどがいて、新しい才能を探している。

偉大な音楽家が持つマジック

1950年代、マイルス・デイヴィスは、ジョン・コルトレーンやソニー・ロリンズやマックス・ローチなど同世代のミュージシャンとバンドを組んで演奏していた。しかしやがてそれぞれが自分のバンドを持ち、去っていく。

1960年代以降は、自分より若くて活きのいいミュージシャンを探しバンドをつくり続けた。第1章で述べたが、1960年代は、ハービー・ハンコック、ウェイン・ショーター、ロン・カーター、トニー・ウィリアムスとのクインテットを主に活動した。

1970年代は、キース・ジャレット、チック・コリア、ジャック・デジョネットらをバンドに呼んだ。1980年代以降は、マーカス・ミラー、ジョン・スコフィールド、マイク・スターン、ダリル・ジョーンズらを重用した。

マイルスは音楽を介して、若い世代のミュージシャンたちにさまざまなことを伝えた。第1章で述べたが、ハービーには〝弾かない大切さ〟を教えた。マイルスのクインテットに参加してしばらくしたころ、ハービーには迷いが生じた。自分の技術を目一杯活用して演奏しても、楽曲をふくらませられないと感じていたのだ。

そのときのハービーへのマイルスのアドバイスは「弾くな」ということだった。音が激しく鳴っているときだけが音楽ではない。音と音の間のスペース、音が減衰しているとき、そのすべてが音楽ということを教えた。

ウェインにはマイルスはいつも言ったという。

「やれ!」

ウェインがどう反応しようか悩んでいると、マイルスは説いた。

「もしやりたいことがあって、やれると思えたら。絶対にできる。マイルスは教えてくれた。自分ができると確信できたら、誰がなんと言おうとできる」

ウェインの自宅でインタビューしたときに話していた。

「マイルスのすべてが僕に影響を与えている。青年期の僕が一人のリスナーとして聴いていたグレイトな存在だからね」

そう語っていたのはチック・コリアだ。

「一緒に音楽をやるチャンスに恵まれて気づいたことがある。マイルスのような偉大な音楽家は、ある種のマジックを持っている。彼自身が愛するものを誰かに与えると、受け取った相手もそれを愛し、心が豊かになる。そういう特別な力が音楽のマジックだ。この力は音楽家のすべてが持つわけではない。才能のある一部の音楽家だけが持つ力だ」

ハービー、ウェイン、チック……は20代からマイルスのバンドで音楽のさまざまを学び、その後自分のリーダー・バンドを率いて、新しい音楽をつくっていった。そして、三人ともレジェンドとなり、かつてのマイルスがそうであったように、次世代のミュージシャンたちを自分のバンドに参加させ、共演を通じて若い才能にミュージシャンシップを伝えていった。

ハービーは自分のバンドにアフリカのベナン出身のギタリスト、リオーネル・ルエケを起用した。

ウェインは晩年、ウェールズやスペインの血を引くオレゴン州出身のアフリカ系アメリカ人のベーシストでヴォーカリスト、エスペランサ・スポルディングを自宅に呼び、オーケストラのスコアを共作していたことが伝えられている。

チックは、1980年代にアコースティック・バンドとエレクトリック・バンドを結成し、当時若手だったドラマーのデイヴ・ウェックルとベーシストのジョン・パティトゥッチをジャズ・シーンに送り出した。1990年代にはやはり当時若手だったイスラエルのベーシスト、アヴィシャイ・コーエンを起用した。2000年代には日本人ピアニストの上原ひろみと度々共演し、2008年には二人の名義でアルバム『デュエット』をリリースした。

では、レジェンドたちは次世代にミュージシャンシップを伝えるために若手ミュージシャンを起用したのだろうか。

確かに、結果的にはそういう面はあっただろう。しかし、これはポジティヴな意味だが、エゴイストなのがアーティストだ。

世代の若いミュージシャンたちとの共演は、けっして与えるだけではなく、得るものも大きかったはずだ。自分には二度と取り戻せない、若い感性やエネルギーを獲得しようとしていた。

ジョン・スコフィールドが忘れられないデトロイトのギグ

1981年から1983年にかけて録音された『スター・ピープル』からマイルスのバンドに参加したギタリスト、ジョン・スコフィールドは興味深いことを言っていた。2000年に、ニューヨーク郊外、ウェスト・チェスターで暮らしていたジョンの自宅を訪ねたときだった。

「僕が若いころ、不思議でしかたがなかったことがある。マイルスはなぜ、アート・ブレイキーやジミー・ヒースのような同世代のすぐれたミュージシャンと一緒に演奏しないのだろう、と」

1951年にオハイオ州デイトンで生まれたジョンはチェット・ベイカーのバンド、ビリー・コブハムとジョージ・デュークのバンド、ゲイリー・バートン・カルテットを経て、サックス・プレイヤーのビル・エヴァンスの紹介で、30歳でマイルスのバンドに参加した。ジョンのことをマイルスは自叙伝で「あまりにすごかったから、すぐにバンドに入れた」と述べている。

ジョンは直接対面するととても紳士だが、若手の時代もレジェンドの域に到達しても演奏はいつの時代も常にアグレッシヴだ。

彼について、ギタリストのジム・ホールが話していたことが印象的だった。ジムは2013年に83歳で永眠したレジェンド。1999年にニューヨークの自宅に招いてくれた。

「ジョンはいつもフレンドリーで、親しく接してくれる」

ジムはジョンより21歳上だ。

「ところが、ステージではまったく気を遣わない。ふつうデュオでは相手のことを考えて音量を抑える。ところが彼はあまりにもラウドで僕は耳をふさぎたかった。がまんして演奏した」

そんなジョンはこう話していた。

「キャリアを重ねた今の僕ならばマイルスが若手を起用した理由がよくわかる。おそらく、若いミュージシャンのパッションがほしかったんだ。ベテランは若手にいい環境で演奏するチャンスをつくる。その見返りとして若手からエネルギーを得る。今の僕がまさにそれだ。積極的に若手と一緒に演奏してパッションをもらっている」

では、若い時代のジョンは、マイルスにどんなエネルギーを提供したか。

「この僕が偉大なるマイルスに影響を与えたなんておこがましいけれどね。それでも、今ふり返ると、思い当たることはある。マイルスは、世代の離れた若手の演奏に、明らかに興味を持っていた。１９８０年代、僕はギターソロのときにあえて無調性なサウンドを取り入れていた。当時のアバンギャルドの音楽シーンでは珍しくない奏法だけれど、ジャズ・シーンではあまりなかったと思う。そこにマイルスは反応した」

ジョンにとって、忘れられないギグがある。

「確かデトロイトだった。僕がソロを弾き、マイルスが引き継いだ。そのとき、彼は明らかに意識的に、僕のフレーズをなぞったんだ。ソロを終えると、後ろにいる僕のほうを向いてにやりとした。たぶん、お前のプレイをやってみたぞ、という意味を込めて」

ただし、そのときはマイルスの意図を察することはできなかった。

「若かった僕は演奏に集中するだけだった。マイルスの気持ちなんて考えなかった。考える余裕なんてなかったんだよ。マイルス・デイヴィスと共演しているだけでビビっていたからね」

キャリアを重ねてからのジョンは、ベテランと若手、それぞれの役割について明確な考えを持っている。

「ベテランが若手からエネルギーを得て、その代わりに若手に演奏の場を提供するのは、ミュージシャンにとってとても重要だ。おたがいを尊重し合う〝愛〟だと僕は思う。ただし、演奏しているときには世代差はない。50代、60代のミュージシャンが10代、20代のミュージシャンから得ることはたくさんある」

『スター・ピープル』の火を噴くようなギター

ジョンは1970年代からリーダー作を録音しているが、代表作は30代以降が多く、彼の若いころの演奏を楽しむには、マイルス・バンド在籍時がいいかもしれない。おそらくメンバーとの相性がよかったのだろう。マーカス・ミラーやダリル・ジョーンズのスラップ奏法（弦を親指で強くたたく奏法。いわゆる〝チョッパー〟）とジョンだからこそのピッキング、うねうねしたサウンドがとても心地いい。

ジョンがマイルスのバンドに在籍した初期は、もう一人ギタリストがいた。マイク・スターンだ。ジョンは挑戦的。マイクは古典的というか、1970年代を思わせる。当時のマイルスのバンドには、まったくタイプの異なるスタイルのギタリストがいたことになる。

だからこそ、それぞれの音が魅力的に聴こえる。おたがいを際立たせていた。

この時期のことをマイルスも自叙伝に残している。

「オレは、ジョンの微妙な細やかさが気に入っていた。バンドはギターが二本になったが、異なったスタイルのギタリストが緊張感を高め、効果的だろうと考えていた。それに、いつもは弾きすぎるマイクも、ジョンを聴けば、控えめさというのがわかるようになるだろうと期待していたんだ」(『マイルス・デイビス自叙伝』より・以下同)

ジョンが参加したマイルスのアルバムでとくに新鮮な感覚で聴くことができるのは『スター・ピープル』、そして『デコイ』だろうか。

『スター・ピープル』のメンバーは、マイルス、ジョン、アル・フォスター(ドラムス)、マーカス・ミラー(ベース)、トム・バーニー(ベース)、マイク・スターン(ギター)、ビル・エヴァンス(テナー・サックス、ソプラノ・サックス、フルート、キーボード)、ミノ・シネル(パーカッション)。

このアルバムは、一曲目の「カム・ゲット・イット」から火を噴くような迫力を感じる。ベースが太くうねりながらリフを続け、切れ味鋭いギターのカッティングの上で、マイルスのトランペットが歌いまくる。「イット・ゲッツ・ベター」はマイクのバッキングで、ジョンのソロがフィーチャーされる。マイルスがジョンを重用しているのがよくわかる。

「すごいブルースだ。ジョンがバンドに入って以来、ロック志向が強かったマイクだけの時よりも、オレはブルースをたくさん演奏するようになった。ブルースはジョンのお得意だったし、彼はそれに、気の利いたジャズのタッチを付け加えることができた。だから彼とブルースをやる時は、すごく安心できたんだ」

レジェンドのマイルスが、若手だったころのジョンに影響されていることがわかる。

ダリル・ジョーンズは19歳で『デコイ』に参加

『デコイ』のメンバーは、マイルス、ジョン、アル・フォスター（ドラムス）、ダリル・ジョーンズ（ベース）、ロバート・アーヴィング三世（キーボード）、ブランフォード・マルサリス（ソプラノ・サックス）、ビル・エヴァンス（ソプラノ・サックス）、ミノ・シネル（パーカッション）。

ベースは、このときにマーカスからダリルに替わった。

「マーカスは、オレが雇ったたくさんのベーシストの中でも最高のミュージシャンだったから、痛かった」

マーカスが去ったときのダメージの大きさをマイルスは告白している。

「ギター、ベース、サックスとか、何種類かの楽器も演奏できた。マーカスはアメリカ最高のスタジオ・ミュージシャンとして引っ張りだこで、誰もが自分のレコードで使いたがっていた。そのうえ彼はプロデュースや作曲にもものすごい才能があって、オレとの仕事は、稼ぎを投げだしているようなものだったんだ」

マイルスのバンドに参加したとき、マーカスは21歳だった。一年ちょっと在籍してバンドを去ったが、2年後の1986年にはプロデューサーとして戻り、27歳で名盤『TUTU』を手掛けている。

一方ダリルは19歳でマイルスのバンドに参加した。オーディションはマイルスの自宅で行った。マイルスはテープで演奏を流し、音に合わせてプレイさせた。

「ちょっと弾いてほしいんだが、もしオレが気に入らなくても、お前の演奏がダメということじゃない」

そう伝えたうえで演奏させた。

ダリルの演奏はマイルスにとって満足のいくものだった。

「あいつはなかなかできるから、下に行って、雇うと伝えてやれ」

上階で、マイルスはマネージャーに言った。

『デコイ』の録音の前にマイルスはマイクをクビにし、ジョンのギターがよりフィーチャーされるようになる。

タイトル曲の「デコイ」は、このアルバムから参加したダリルがスラップで太いベース・ラインを弾き、その上でジョンがビヨンビヨン弦を歪ませる。「ホワット・イット・イズ」「ザッツ・ライト」「ザッツ・ホワット・ハプンド」の3曲はマイルスとジョンの共作。「ザッツ・ライト」ではジョンの長いソロが聴ける。歌うような、話しかけてくるようなギターだ。

この曲にはブランフォード・マルサリスのソロもある。当時ウィントン・マルサリスのバンドで演奏していたブランフォードが唯一参加したマイルスのアルバムが『デコイ』だった。

早朝突然マイルスから電話でオファーされたブランフォードは、いたずら電話だと思い、ガチャ切りしたそうだ。マイルスは独特のしゃがれ声のため、真似をするミュージシャンが多く、そのたぐいだと思った。しかし本物のオファーで、マイルスのマネージャーからあらためて電話があったという。

「『デコイ』の録音は二日間だった。マイルスのスタジオを体験すると、しばらくは多くのミュージシャンから感想を聞かれる。でも残念ながら、僕がマイルスから得たものはない。ツアーをともにしたわけではなく、スタジオで存在を見て演奏しただけだからね。ただし、カリスマ性は強く感じた。マイルスがそこにいるだけで、スタジオは特別な空気になって、ものすごい緊張感になる。そして、プレイヤー全員の演奏が最高になる。僕自身、終わってみると自分の最高レベルの演奏ができた」

1999年に自宅でインタビューした際、ブランフォードは話していた。

マーカス・ミラー、20代のフェアリーテイル

「チャールズ・ミンガス、ポール・チェンバース、ロン・カーター、ジャコ・パストリアス、ラリー・グラハム、スタンリー・クラーク……。僕がリスペクトし続けているベーシストたちだ。10代のまだプロになる前、僕は彼らの音楽を研究した。いや、〝研究〟どころじゃないな。彼らの音楽のなかで、僕は生きていたといっていい。彼らのレコードを聴き

ながら、僕は一日中ベースを弾いていた」

このようにデビュー前の10代のことを話してくれたのはマーカス・ミラーだ。2000年、東京の神宮前にあるビクタースタジオだった。

「僕が持っていたレコード・プレイヤーは、一分間に16回転でゆっくりとターンテーブルを回すことができた。ふつうのLPレコードは33回転。その半分くらいのスピードで盤を回転させて、レジェンドたちのプレイをコピーした」

1959年にニューヨーク州ニューヨーク市のブルックリン区で生まれたマーカスは、さまざまなセッションに参加した後、21歳になった1981年にマイルス・デイヴィスのバンドに抜擢され、『ザ・マン・ウィズ・ザ・ホーン』のレコーディングに参加した。

「若い時代の僕については、マイルスからの影響抜きには話せない。マイルスのバンドに参加していたのは2年くらいだけど、その後プロデューサーとして6年くらいかかわっているから、かなりの時間と感情を共有し、たくさんのことを学んだ」

なかでももっとも驚かされたのは、演奏中の集中力だという。

「彼は演奏中、音楽に自分のすべてを注いでいたよ」

マーカスはパリのセーヌ河沿いの会場でのギグがとくに強く印象に残っている。

「その夜、マイルスがソロを吹いているときに停電になった。客席もステージも真っ暗。しかし、マイルスは気にせず演奏を続けた。客席もシーンと静まり、マイルスのトランペットの生音に聴き入っていた」

やがてマイルスのパートが終わり、マーカスがソロを引き継いだ。

「僕のソロはエレクトリック・ベースの予定だったけれど、停電が続いていたので、テナー・サックスに持ち替えて演奏した」

気づくと、目の前にマイルスが鬼の形相で立っている。

「なんでサックスを吹くんだ!」

大変な剣幕でマーカスを怒鳴った。

「だって、停電中ですよ」

慌てて返答するマーカス。

「なに!?」

そのときはじめてマイルスは停電に気づいたという。

「音楽に集中し過ぎていて、マイルスは停電に気づかずに演奏を続けていた。この話は、実はいろいろなインタビューで話している。すると不思議なもので、自分で話しながらも、あれは夢だったのかもしれない、フェアリーテイルかもしれないと不安になってくる」

マーカスは自信がなくなってきた。

それから何年も経ち、マイルス亡き後、マーカスは南仏の小さな会場でギグを行った。

「開演前時間で余裕があったから、街をぶらぶらと散歩していたんだ。すると小さな本屋さんがあってね。ショーウィンドウにマイルスのポスターが貼ってあった。よく見ると、停電になったパリのギグの写真だった。マイルスが大きく写っていて、背景にドラムセットがあって、その横には20代のやせっぽちだった僕がテナーを持って立っていた。うれしかったよ。停電の夜の出来事はフェアリーテイルではなかった」

開演が近づいていたので、マーカスは会場に戻った。

「あのポスターがどうしても欲しくて、翌日もまた街に出た。でも、週末で、どのお店もシャッターを下ろしていた。それに、あの本屋さんがどこだったのか、場所も思い出せなかった。いつかあのポスターと再会したい」

27歳のマーカスが60歳のマイルスをプロデュースした『TUTU』

10～20代のころのマーカスは、ミュージシャンとしての勇気もマイルスから教えられたそうだ。

「知ってのとおり、マイルス・デイヴィスという人は、そのキャリアを通して、新しいことをやり続けた。彼は同じ音楽を続けて、それを極めてレジェンドになることも十分に可能だった。でも、変わり続けた」

その姿勢に、マーカスは感銘を受けた。

「多くのミュージシャンは若い時代に大きな評価を獲得すると、それを一生やり続ける。ビ・バップのジャズ・ミュージシャンは、20代で評価されると、30代になっても、50代になっても、ずっとビ・バップを演奏し続けているだろう？　もちろん、悪くはない。非難されることではない。演奏はどんどん極められていく。深みも増していく。ただし、スタイルは変わらない。ビ・バップはビ・バップだ」

しかし、マイルスはそれをしなかった。どんなに評価されても、10年ごとに違う音楽をやった。

「1960年代に、マイルスがウェインやハービーとやっていた音楽を誰もが好きだった。ところが1970年代が近づくと、まったく違う音楽をやり始めた。マイルスのファンの多くががっかりさせられた。1970年代のマイルスはよくない、1960年代が最高だったと口々に言った。でも、マイルスは新しい音楽を続けた。僕はその姿勢をリスペクトしている」

あるとき、周囲がマイルスに頼んだそうだ。

「1960年代にあなたが演奏していたような音楽をまた聴かせてほしい」

多くのリスナーがビ・バップやモードをまた聴きたがった。しかし、マイルスは首を縦にはふらなかった。

「1960年代の音楽をやると、オレはベルボトムのジーンズを思い出してしまうんだ」

1970年代にはベルボトムのブームは去り、あのデザインのジーンズをはくことは恥ずかしいとされていた。

マーカスにマイルスはいつもこう話したという。

「音楽は常に時代と隣接して存在している。だから、新しい時代に昔の音楽を演奏することはできない」

マーカスは同意した。

「マイルスの言うとおりだと思った。ただ、新しい音楽をやり続けることはものすごく大変だ。やりたくても、実際にはなかなかできない」

マーカスとマイルスの幸せな関係による最大の産物の一つは『TUTU』だろう。当時27歳のマーカスに当時60歳、日本人ならば還暦に当たるレジェンドのマイルスが自分のプロデュースを委ねたアルバムだ。

タイトル曲「TUTU」は、南アフリカ共和国のアパルトヘイト問題を解決したことによってノーベル平和賞を受賞した神学者で人権活動家、デズモンド・ムピロ・ツツ司教に捧げた曲。アルバムのラストの曲「フル・ネルソン」は、やはり南アフリカ共和国でANC(アフリカ民族会議)に参加、政権を握っていた国民党によるアパルトヘイト政策の廃止に尽力したネルソン・マンデラに捧げた曲。

どちらも、マーカスのスラップ奏法で骨太のサウンドになっている。さらにミュートの効いたトランペットによって、全体的にはニューヨークの深夜をクルマで走っているような都会的なサウンドでもある。

メンバーは、マイルス、マーカス、オマー・ハキム（ドラムス、パーカッション）、ジョージ・デューク（キーボード）、バーナード・ライト（シンセサイザー）、パウリーニョ・ダ・コスタ（パーカッション）、スティーヴ・リード（パーカッション）、マイケル・ウルバニアク（エレクトリック・ヴァイオリン）。プロデューサーには、マーカスのほかに、トミー・リピューマとジョージ・デュークもクレジットされている。

マイク・スターン27歳の"デブの時間"

ジョン・スコフィールド、マーカス・ミラーと同じ時期にマイルス・デイヴィスのバンドでギターを弾いていたマイク・スターンにもインタビューした。マイクに最初に会ったのは2000年2月。場所はニューヨークの3番街の彼の自宅だった。

1953年にマサチューセッツ州で生まれ育ったマイクはビリー・コブハムのバンドを経て、27歳のときにマイルスのアルバム『ザ・マン・ウィズ・ザ・ホーン』の録音に参加した。

「10代のころまではほとんどジャズはやっていなかった。母親からクラシックばかり聴かされて育ったからね。バッハ、ブラームス、モーツァルト、マーラー、ヘンデル……などだよ。それで9歳のときに教会の合唱隊に参加した」

ギターを手にしたのはその時期だったが、興味の対象はロックやブルースだった。

「ビートルズ、ローリング・ストーンズ、ジミ・ヘンドリックス、クリーム、B・B・キング、アルバート・キング……。ジャズは、実はマイルス・デイヴィスしか聴いたことがなかった。当時のジャズのバンドでは、ギタリストは主役とはいいがたい。一方ロック・バンドでは、ギタリストは主役級だからね」

マイルスのバンドに参加したのは、サックス奏者のビル・エヴァンスの紹介だった。

「ビリー・コブハムのバンドでニューヨークのボトム・ラインで演奏していたら、ビルがマイルスを連れてやってきた。あの夜はがちがちに緊張した」

その夜のマイクの演奏をマイルスは気に入った。

「マイルスのバンドのリズムセクションはとてもユニークだった。アル・フォスターとマーカス・ミラーだったからね。アルはストレート・アヘッドのジャズをやるドラマー。マーカスはファンク系のベーシスト。ふつうはそんな二人を組ませることはしない。しかし、まったく異なるタイプのドラマーとベーシストを組ませることで、それまでに聴いたことのないようなグルーヴが生まれた。バンド・メンバーを集めるとき、たいがいは全体のアンサンブルを考えてミュージシャンを集める。ところがマイルスは、自分の感覚を信じて気に入ったメンバーを集める。あとは曲の方向性だけを示し、ミュージシャンを信頼して、自由に演奏させる。そこに新しい音楽が生まれた」

この時期のマイクの演奏を楽しむとしたらマイルス・デイヴィスの『マイルス！ マイルス！ マイルス！ ライヴ・イン・ジャパン』ではないか。1981年10月、東京・新宿駅西口広場特設ステージで行われたギグのライヴ録音だ。

1960年代半ばまで、新宿駅の西側には約34万㎡の広大な淀橋浄水場があり、都心部に飲用水を供給していた。浄水場廃止後1970年代には高層のホテルやオフィスビルが建ち始めるが、1981年の時点では現在東京都庁があるエリアはまだ空き地だった。そこに特設ステージを設営し、ライヴが行われた。

メンバーは、マイルス、ビル・エヴァンス（テナー・サックス、ソプラノ・サックス）、マイク、マーカス・ミラー（ベース）、ミノ・シネル（パーカッション）、アル・フォスター（ドラムス）。交通事故の後遺症に苦しんでいたマイルスはステージ上で脚を引きずりながらも、メンバーの演奏に支えられ、良質のギグを行った。

そしてこの来日公演で注目されたのが、マイルスのバンドに参加して間もない22歳のマーカスであり、28歳のマイクだった。

とくにマイクは、演奏だけでなく、その容姿も注目された。今でこそ日常的に泳ぐことで身体はシェイプされているが、当時の彼は100キロを超える巨漢だった。

「あのころ、確かに僕は100キロを軽く超えていた。毎日酒ばかり飲んでいたからね。当時やっていたエクササイズといえば、テーブルから口までショットグラスを運ぶことくらいだった」

1981年の来日公演のときは、会場に隣接する京王プラザホテルに滞在していた。

「ビル・エヴァンスと毎晩飲んで大騒ぎをして、ルームサービスでチーズバーガーを二人で23個オーダーした。そりゃあ、太るよね」

しかし、太っていることがマイクを目立たせ、音楽的にも注目された。

『マイルス！　マイルス！　マイルス！』には「ファット・タイム」という曲が収録されている。〝デブの時間〟――。マイクのためにマイルスが愛情を込めて書いた曲だ。マイクのギターソロがフィーチャーされている。

「パーティーに行ったら、帰ることも忘れるな」

『マイルス！　マイルス！　マイルス！』のライナーノーツのインタビューで、マイルスは次のように語っている。

「オレはマイクにひとつのヒントを与えただけなのさ。どんなふうに弾いてほしいと思っているのか、マイクにはいろいろいわないで、それでいて、弾いてほしくないと思うことはわからせておいて、あとはあいつが考えて、自由にやりたいようにやらせればいいってことなんだ。要は、でっかい音でパワフルにやれっていうことなんだよ」

当時55歳になっていたレジェンドのマイルスは、28歳のマイクを尊重し、自由に演奏させていた。ただし、演奏のポイント、方向性、ヒントはきちんとと伝えている。

「オレはマイクには、1拍目と3拍目にアクセントをつけてプレイしろともいっているんだ。普通なら2拍目と4拍目でやりたくなるところだけどね。そんなふうにやれるようになると、あいつは新しい資質を生み出すよ」

「ファット・タイム」でマイクは張り切って弾きまくる。まさに若いからこその演奏といえるだろう。その後も彼は音数の少ないギタリストとはいいがたいが、当時は好きなだけ弾いている。

マイクはこのとき、マイルスにひと言釘を刺された。

「パーティーに行ったら、帰ることも忘れるな」

いつまでもソロを弾きつづけずに、演奏の引き際を意識しろ、という指摘だった。マイクはずっと肝に銘じているという。

第5章
新しいジャズを生む才能たち

ジョシュア・レッドマン、上原ひろみ、エスペランサ・スポルディング

この本の出版の時点で、第4章で紹介したジョン・スコフィールドは71歳、マーカス・ミラーは64歳、マイク・スターンは70歳。3人とも十分にレジェンドの域になっている。第3章で紹介したラリー・カールトンが75歳、リー・リトナーが71歳、ジャコ・パストリアスが存命していたら71歳、マイケル・ブレッカーが存命していたら74歳、ブランフォード・マルサリスが63歳。やはり年齢も実績もレジェンドの領域だ。

最後の章では、彼らの次の世代で聴いてほしいミュージシャンをとりあげたい。本書の出版の時点で、50代でサックス奏者のジョシュア・レッドマン、40代でピアニストの上原ひろみ、30代でベーシストでヴォーカリストのエスペランサ・スポルディングだ。

もちろん、ほかにもすぐれたミュージシャンはたくさんいる。そんななかであえて3人に絞らせてもらったのは、技術や音楽の発想の素晴らしさはもちろん、新しさをとくに感じるからだ。

3人ともとても高度な演奏をしているけれど、けっして難解には聴こえない。メロディはくっきり。音楽の輪郭がはっきりしているので、誰もが聴きやすい。

だから、日本で彼らのギグに行くと、客席にはふだんはJポップを聴いていそうな若い男女が目立つ。おそらく彼らはジャズというジャンルを意識しないで、純粋にジョシュアやひろみやエスペランサの音楽が好きなのだろう。

ブラッド・メルドーを取り上げるべき、アヴィシャイ・コーエンやロバート・グラスパーを紹介するべきという意見はあるだろう。ごもっともだ。

個人的な事情を打ち明けると、ジョシュアとひろみとエスペランサに関して、筆者はそれぞれ30歳までにたっぷりと話を聞くチャンスに恵まれた。そのあたりの事情もご理解いただきたい。

ジョシュア・レッドマン、20代の課題

ジョシュア・レッドマンは、1969年にカリフォルニア州バークレーで生まれた。父親のデューイ・レッドマンもサックス奏者。ジョシュアは小学生のころからクラリネット

を始め、10歳でサックスに転向する。

ただし彼は、必ずしもミュージシャンになるべく育てられたわけではない。ハーバード大学で社会学を学び、その後イェール・ロー・スクールに進む。

プロとして音楽の道を歩み始めたのは1991年。ハービー・ハンコックやウェイン・ショーターが携わるセロニアス・モンク・インターナショナル・サクソフォン・コンペティションで優勝しデビューすることになった。

後にオルガン・ジャズを始め、エレクトリックの方向性も示すジョシュア・レッドマンだが、30歳前後まで、つまりミュージシャンとしての青春期は徹底してアコースティックのジャズを演奏していた。

ジョシュアに最初にインタビューしたのは2000年の来日公演のとき。彼が30歳になったタイミングだった。そのときは、近い将来エレクトリックのジャズもやりたいと話していた。すでに制作も行っている、と。ただし、本人の満足のいく成果を上げられていなかった。

「音楽とは、精神や情緒的なものを音によって伝えるものだと僕は思っている。技術と心がともなっていなければ、音楽とはいえない。しかし音楽家としての僕を客観視すると、エレクトリックの演奏家としては、十分に準備ができているとは思えないんだ。20代の間はずっと、自分のエレクトリックの演奏には技術的な課題を感じてきた。課題があると、そちらに意識が向いてしまい、自分の心に100%コンタクトできないから、自然な演奏にならない」

エレクトリックの音楽をやりたいけれど力量が及ばないと、30歳のジョシュアは正直に話してくれた。

「ミュージシャンはストーリーテラーだと僕は考えている。音で物語や景色を描けなくてはいけない。そのためには、技術的な問題を抱えていてはいけない」

作家がキーボードの操作にてこずっていては、集中力がそがれていい物語など生まれない。画家が絵筆の扱いに不自由していたら、脳にある風景をキャンバスに描くことなどできない。同じように、音楽家は楽器が自分の手足であるかのように扱えなくてはいけない。

若き日のジョシュアの集大成『ビヨンド』

そんなアコースティックの音楽に徹していた時期のジョシュアのアルバムで勧めたいの

は1999年にニューヨークのスタジオ・アヴァタで録音された『ビヨンド』だろう。

メンバーは、アーロン・ゴールドバーグ（ピアノ）、リューベン・ロジャース（ベース）、グレッグ・ハッチソン（ドラムス）。ゲストはマーク・ターナー（サックス）。ジョシュアはテナー、アルト、ソプラノ・サックスを演奏している。

このアルバムは全編を通してストレート・アヘッドのジャズが演奏される。アップテンポの曲は活力にあふれ、バラードは美しい。「ネヴァーエンド」「トワイライト…アンド・ビヨンド」にはうっとりさせられる。

当時のジョシュアはジャズ・シーンで高い技術を評価されながら、革新性のなさを指摘されることもあった。しかし『ビヨンド』は奇をてらうことなく堂々と王道のジャズを演奏した。

当時の演奏についてジョシュアはインタビューの場で、マッコイ・タイナーやパット・メセニーの影響を語っていた。

「知ってのとおり、マッコイはジョン・コルトレーンのカルテットで演奏していたものすごいピアニストだよね。その力強さを世界中のリスナーやミュージシャンが絶賛している。僕自身、彼の演奏は力そのものだと感じていた。ところが、じっと聴いていると、演奏に優しさや情がにじんでいることがわかる。魂も感じる。僕は自分の演奏にもマッコイのような優しさをイメージした」

パット・メセニーの音楽も聴き直したそうだ。

「パットのギターもじっと聴いた。彼の演奏はいつも複雑なコードや技術が駆使されている。でも、けっして難解な音楽ではない。なぜだろう——。パットが奏でるギターはメロディの輪郭がいつもはっきりしている。しかも、情緒的だ。だからものすごく高度であるにもかかわらず、リスナーは自然に音楽を楽しめる。心に届く」

このようなリスナー体験が、アコースティックを演奏するサックス・プレイヤーとしてのジョシュアをレベルアップさせた。その象徴的な作品の一つが『ビヨンド』だった。

31歳で録音したこのアルバムを経て、ジョシュアはジャズ・ミュージシャンとして次のステージへ進む。翌年に『パッセージ・オブ・タイム』を録音し、ファンキーなオルガン・アルバム『エラスティック』もリリース。エラスティック・バンドを結成し、新しい音楽を追い求めていった。

毎アルバム異なるアプローチの上原ひろみ

2003年、上原ひろみのデビューは鮮烈だった。

ひろみの音楽は、ピアノ・トリオの概念を変えてしまったのだ。

それまで、ジャズのピアノ・トリオは、ドラムスとベースがリズムとグルーヴを生み、その上でピアノが景色を描いていくと思われていた。実際、多くのミュージシャンがその基本に忠実にしたがい演奏している。

しかし、ひろみはピアノを演奏しながら、ベーシストにもメロディラインを弾かせ、ドラマーにも自由に演奏するスペースを設けた。そこに新しい音の世界が生まれた。

だからといって、彼女の音はけっして難解ではない。メロディはくっきりとわかりやすく、誰もが楽しめる。ひろみはジャズを基本にしつつ、ジャズを超えた音楽を聴かせてくれた。

1979年に静岡県の浜松で生まれ育ったひろみは6歳でピアノを始め、来る日も来る日もピアノを弾き続けた。

彼女が卒業した高校を訪れたことがある。エントランスホールにかわいらしいグランドピアノが置かれていた。ひろみは入学した日から卒業まで、毎日そのピアノを弾いていたという。怖い上級生に目を付けられてもめげなかった。その上級生が好きなJポップの曲を弾いて聴かせて、感激させた。教員たちには、職員会議の時間は演奏をひかえてほしいと言われた。そのときだけは、音楽室で弾いた。

20歳のときに東京の大学を辞めたひろみは、単身アメリカへわたる。マサチューセッツ州ボストンのバークリー音楽大学でピアノを弾きながら作曲を勉強。23歳だった4年生のときに全曲オリジナルのアルバム『アナザー・マインド』でメジャー・デビュー。バークリーは作曲科を首席で卒業した。

2004年、筆者はデビューしてまもないひろみのギグを観にニューヨークへ向かった。ドキュメントを書かせてほしくて、口説きに行ったのだ。その夜、彼女はジャズ・スタンダードというクラブで、19時、21時、23時と一日に3公演行うことになっていた。

そして翌2005年、アメリカ南部のテネシー州ナッシュビルでのアルバム『スパイラル』の録音、ニューヨークのクラブ、イリディウムでのギグ、浜松での凱旋公演、フジロックなど旅をともにしてインタビューを重ね『上原ひろみ サマーレインの彼方』（幻冬舎）

を書いた。後にウッドストックでのアルバム『ビヨンド・スタンダード』、ニューヨークでの『プレイス・トゥ・ビー』の録音も取材し加筆し、文庫化されている。

上原ひろみのアルバムを聴くとわかるが、ピアノ・トリオの概念を変えただけでなく、ジャズにも縛られていない。ラテンあり、ロックあり、テクノあり、クラシックあり。一枚のアルバムであらゆる音楽を楽しめる。

彼女のほとんどのアルバムは、そのリリース時に意表をつかれる。クラシックを感じさせるトリオ・アルバムを発表すると、次はバンドサウンド、その次はオリジナルを感じさせないカバー集、その次はソロ・ピアノ……。次にどんな作品を聴けるのか、ワクワクドキドキさせられる。2010年、30歳のときに録音した『スタンリー・クラーク・バンド フィーチャリング 上原ひろみ』は第53回グラミー賞「最優秀コンテンポラリー・ジャズ・アルバム」賞を受賞した。

ひろみがチック・コリアとジャズをやった『デュエット』

ひろみはデビュー以来一年に一枚を超えるペースでアルバムを録音している。彼女の20

代のアルバムでは、チック・コリアとのピアノのデュオ作『デュエット』がとくにジャズを楽しめる。2007年9月に東京・青山のジャズクラブ、ブルーノート東京で録音したライヴ盤だ。スリリングで、エキサイティングで、ロマンティックで、切なさや優しさも感じられる。

当時ひろみは28歳。チックは66歳。ひろみはジャズ界のレジェンドのなかのレジェンドと堂々と渡り合う。

選曲は「スペイン」や「ハンプティ・ダンプティ」などチックの曲、「古城、川のほとり、深い森の中」「プレイス・トゥ・ビー」などひろみの曲、ビートルズやアントニオ・カルロス・ジョビンの曲など。二人は、あるときは語り合うように、あるときは歌い合うように、あるときは二人でキャンバスに画を描いていくように、楽し気に演奏を展開していく。そのステージの空気が会場も包んでいく。

デビュー当時のひろみには超絶技巧のイメージが強かった。アメリカから逆輸入する状況がセンセーショナルだったので、テレビ番組でよく特集された。テレビでの演奏は一曲か二曲になる。すると、インパクトのある激しい曲が選ばれる。

しかし、実際のひろみは、鍵盤のタッチがとてもデリケートで、美しく響く。それを28

歳で録音した『デュエット』でも聴くことができる。

実は、ひろみとチックの交流は長い。1997年にも二人は共演している。来日公演のときにリハーサルをしていたチックは、隣のスタジオで演奏している17歳の女子高校生と出会う。それがひろみだった。高校生とは思えないレベルの高い演奏に驚いたチックは、大手町のサンケイホールでのイベントにひろみを誘い共演した。

それから10年経ち、プロになったひろみと日本武道館でデュオを行い、翌年ブルーノート東京で『デュエット』を録音するにいたった。

上原ひろみというピアニストは、折に触れてレジェンドと出会い、そこからなにかを受け継いでキャリアを重ねてきた。チック・コリアとの交流はその象徴だが、さらに上の世代のレジェンド、〝鍵盤の帝王〟オスカー・ピーターソンとも接点があった。

1999年、当時20歳だったひろみは、カナダのトロントにあるオスカーの自宅に招かれている。音楽談義をし、オスカーのピアノで、ひろみは「アイ・ガット・リズム」を演奏した。ジョージ・ガーシュウイン作曲で、オスカーが好んで演奏した曲だ。

その後も手紙やメールで交流は続き、2004年にはオスカーのオープニング・アクトでジャパン・ツアーも行った。

オスカーは2007年12月に腎不全で、82歳で永眠。ひろみは今もソロ・ピアノで「アイ・ガット・リズム」を演奏している。

筆者は1999年にオスカーにインタビューした。オスカーが高松宮殿下記念世界文化賞を受賞し来日した際に声をかけていただいた。

脳血管障害を体験したオスカーは、後遺症で全盛期のような激しい演奏はできなくなっていた。それでも授賞式が行われた明治記念館で「アイ・ガット・リズム」を演奏。インタビューにも対応してくれた。

「1993年に病気をしてからは左手が不自由で、演奏方法を変えなくてはいけなくなった。でも、それでもきちんと成長する自分を感じることができている。演奏が熟練されてきた。年齢を重ねても、大きな病気を体験しても、人は成長する」

オスカーは話していた。

ただし、成長するためには絶対に必要なことがあると言った。

「大切なのは、常にオネスティであることだよ」

どんなときでも、大きな賞をもらっても、おごることなくオネスティであることを忘れてはいけない。常に自分に言い聞かせていると話した。

音楽家としてのそんなオスカーのマインドも、ひろみは受け継いでいる。

ノーベル平和賞コンサートでパフォーマンス

ベーシストでヴォーカリストのエスペランサ・スポルディングも、アルバムごとに違うテイストを楽しませてくれる。ワクワクさせてくれる。

1984年にオレゴン州ポートランドで生まれたエスペランサは、5歳でヴァイオリンを演奏し、10代でベースを弾くようになった。音楽の才能は抜群で、音楽特待生としてポートランド州立大学へ進み、ボストンのバークリー音楽大学へ転入した。在学中はパティ・オースティンに見出され、彼女のツアーに参加。卒業後は学内最年少で講師になった。

初リーダー作は2006年の『Junjo』だが、2007年に23歳で録音したアルバム『エスペランサ』で世界デビュー。2012年に28歳でリリースした『ラジオ・ミュージック・ソサイエティ』で、第55回グラミー賞「最優秀ジャズ・ヴォーカル・アルバム」賞、「最優秀インストゥルメンタル編曲」賞を受賞。2009年にノルウェーのオスロで行われたノーベル平和賞授賞式では、受賞したバラク・オバマ元アメリカ大統領を称える演奏を行い、翌日のノーベル平和賞コンサートにも出演。世界的に知られるようになった。

彼女の音楽をオリジナリティあるものにしている要因の一つは、歌とベース・ラインが響き合っていることではないかと思う。

アルバム『エスペランサ』や『ラジオ・ミュージック・ソサイエティ』を聴くと、透き通るような彼女の声と、太いベースが寄り添い、語り合い、まるで歌い手が二人いるかのように感じられる。

「今の段階では理論的に作曲しているというよりも、自分のなかから生まれる音に素直にしたがっている感覚です」

2012年の来日時にユニバーサル ミュージックでインタビューした際、エスペランサは話していた。

「私の感覚では、メロディも、ベース・ラインも、同じところから生まれてきます。ピアノを弾くような感じです。ピアノは左手で鍵盤を叩き始めて、そこに右手の演奏を添えていく。それがハーモニーになっていきますよね。私の場合は、ベースと歌でそれを行っています。ベースが歌に影響し、歌がベースに影響する。おたがいがカウンターのようになって、影響し合う。とても感覚的な作業です。さっき、ランチ・タイムにイタリアンを食べました。食後にとてもクリーミーな、ミルクをたっぷり使ったデザートが出てきました。甘いクリームのなかに、甘酸っぱいストロベリーが入っていて、とてもおいしかった。クリームとストロベリーがおたがいカウンターになっていたからです。私の音楽のベースとヴォーカルは、あのデザートのような感じなのかもしれません」

エスペランサは、自分に確認するように話していく。

「話していて気づきましたけれど、私にとってベースとヴォーカルは、緊張と開放の関係でもあります。ある時はベースが作品に緊張をもたらし、ヴォーカルが開放する。逆の関係になることもある。ベースとヴォーカルはときに摩擦を起こしてそこから新しい音が生まれる。摩擦や衝突は、リスナーを不安にさせるでしょ。聴いていて、大丈夫かしら?と。それも必要です。私はリスナーにそういう気持ちになってほしい。作品に参加してほしい。けっしてがっかりはさせません」

『ラジオ・ミュージック・ソサイエティ』はシンガーが二人いるよう

グラミーを受賞したエスペランサの『ラジオ・ミュージック・ソサイエティ』は曲ごとにメンバーを替えているが、レオ・ジェノベス（ピアノ）、テリ・リン・キャリントン（ドラムス）、ジャック・デジョネット（ドラムス）、ビリー・ハート（ドラムス）、ジェフ・リー・ジョンソン（ギター）、リオーネル・ルエケ（ギター）、ギラッド・ヘクセルマン（ギター）、ジョー・ロヴァーノ（サックス）、グレッチェン・パーラト（ヴォーカル）、レイラ・ハサウェイ（ヴォーカル）、アルジェブラ・ブレセット（ヴォーカル）など。

「ラジオ・ミュージック・ソサイエティ」は、このバンドの総称でもあるという。

テーマをラジオにしたことには二つのきっかけがあったという。

「ニューヨークで駐車したときに、ラジオからジョージ・ウォーカーという90代の指揮者の音楽が流れてきました。とても素敵で、パーキングで聴きつづけてしまいました。この出来事をウェイン・ショーターに伝えて、ラジオから不意に流れる音楽の魅力について語ったのが、このアルバムを発想したきっかけです。その後LAで渋滞に巻き込まれ、悩みごともあり、私のいらいらは頂点に達しました。そのとき、ラジオからキャロル・キングの曲が流れたのです。それだけで私はとてもハッピーな気持ちになれました。ラジオは、私が知る音楽、知らない音楽、いろいろな幸せをもたらしてくれます」

そうしたエスペランサの体験はアルバム一曲目の「ラジオ・ソング」に込められている。

このアルバムでも、エスペランサのベースとヴォーカルは二人のシンガーであるかのように歌っていく。そして、物語や景色を描いていく。彼女の世界観は、ウェイン・ショーターからの影響であることも打ち明けた。

ウェインはエスペランサがデビューしたころから注目し、彼女の音楽制作に手を差し延べてきた。第1章で述べたが、ウェインは映画を撮るように、画を描くように音楽をつくっている。映像作家になりたかった若いころの夢を音楽の世界で実現させようとした。

「ウェインは完璧です。私にとって、オールタイム・フェイヴァリット。音楽家としても、人間性も。知性、ユーモア、彼にはすべてがそろっている。ウェインの音楽、具体的にアルバムをあげると『アトランティス』や『ネイティヴ・ダンサー』、そしてウェザー・リポートの『ヘヴィー・ウェザー』の彼のサックスは肉声です。歌です。そんな音楽を生む彼と制作をともにすることによって、私の音楽にも物語性が育まれていきました」

実際、エスペランサの作品は、音のキャンバスの上にベースとヴォーカルで画を描いていくようだ。透き通るような声は水彩画を思わせる。

レジェンド、ウェイン・ショーターは2023年3月2日、ロサンゼルスで永眠した。89歳だった。キャリアの最後の数年は、エスペランサを自宅に招いてオーケストラの作品を制作していたという。1950年代から第一線で作品をつくってきたレジェンドのDNAは、才能あふれる38歳のベーシストでヴォーカリストに受け継がれた。

読者のための
レコードガイド

RECORD GUIDE

Index（50音順）

80/81／パット・メセニー……222 上
TUTU／マイルス・デイヴィス……227 下
アビイ・ロード／ジョージ・ベンソン……220 下
アメリカン・ガレージ／パット・メセニー・グループ……221 上
イントロデューシング・ウェイン・ショーター／
　ウェイン・ショーター……208 下
インプレッションズ／ジョン・コルトレーン……214 下
ヴィレッジ・ヴァンガードの夜／ソニー・ロリンズ……210 下
エンピリアン・アイルズ／ハービー・ハンコック……208 上
カインド・オブ・ブルー／マイルス・デイヴィス……213 下
キャプテン・フィンガーズ／リー・リトナー……223 上
奇妙な果実／ビリー・ホリディ……211 上
クッキン／マイルス・デイヴィス……212 上
ザ・ケルン・コンサート／キース・ジャレット……218 下
ザ・リアル・マッコイ／マッコイ・タイナー……216 下
サキソフォン・コロッサス／ソニー・ロリンズ……209 下
サムホエア・ビフォー／キース・ジャレット……217 下
至上の愛／ジョン・コルトレーン……215 上
ジャコ・パストリアスの肖像／ジャコ・パストリアス……224 上
シャドウズ・アンド・ライト／ジョニ・ミッチェル……223 下
スター・ピープル／マイルス・デイヴィス……226 下
スターダスト／ウィントン・マルサリス……225 下
セヴン・ステップス・トゥ・ヘヴン／
　マイルス・デイヴィス……207 上
テイキン・オフ／ハービー・ハンコック……207 下
デコイ／マイルス・デイヴィス……227 上
テナー・マッドネス／ソニー・ロリンズ……210 上
デュエット／チック・コリア、上原ひろみ……229 上
トラヴェルス／パット・メセニー・グループ……221 下

ナウ・ヒー・シングス、ナウ・ヒー・ソブス／
チック・コリア……219 上
バラード／ジョン・コルトレーン……214 上
バラードとブルースの夜／マッコイ・タイナー……216 上
ビッチェズ・ブリュー／マイルス・デイヴィス……219 下
ビヨンド／ジョシュア・レッドマン……228 下
フェイシング・ユー／キース・ジャレット……218 上
フォア＆モア／マイルス・デイヴィス……206 上
ブリング・オン・ザ・ナイト／スティング……226 上
ブルー・トレイン／ジョン・コルトレーン……209 上
ヘヴィー・ウェザー／ウェザー・リポート……224 下
ヘヴィ・メタル・ビ・バップ／
ブレッカー・ブラザーズ……225 上
ヘレン・メリル・ウィズ・クリフォード・ブラウン／
ヘレン・メリル……213 上
マイ・ファニー・ヴァレンタイン／
マイルス・デイヴィス……206 下
マイルス・イン・ザ・スカイ／マイルス・デイヴィス……220 上
マイルス・デイヴィス・アット・フィルモア／
マイルス・デイヴィス……217 上
マイルス！マイルス！マイルス！ライヴ・イン・ジャパン／
マイルス・デイヴィス……228 上
ラウンド・アバウト・ミッドナイト／
マイルス・デイヴィス……212 下
ラジオ・ミュージック・ソサイエティ／
エスペランサ・スポルディング……229 下
リーチング・フォース／マッコイ・タイナー……215 下
リラクシン／マイルス・デイヴィス……211 下
夜の彷徨／ラリー・カールトン……222 下

レコードガイドの見方

アルバム名

レーベル オリジナル盤のレーベル名を記載しています。

アーティスト名

発売年 オリジナル盤の発売年を記載しています。

収録曲

オリジナル盤の収録曲を記載しています。

ここに注目!

聴きどころや注目ポイントについて解説しています。

QR リンクからサブスク音楽配信サービスがその場で楽しめます。

パーソネル

演奏者名と楽器略号を記載しています。

本書で取り上げたアルバム・プレイリスト（各章別）

サブスク音楽配信サービスで楽しめます。
気になったアルバムをその場で聴けます！

第1章 1950〜1960年代、ニューヨークの青春

Spotify　Amazon Music　Apple Music

第2章 引き継がれるジャズの遺伝子

Spotify　Amazon Music　Apple Music

第3章 ロックの洗礼

Spotify　Amazon Music　Apple Music

第4章 レジェンドが欲した青の時代のエネルギー

Spotify　Amazon Music　Apple Music

第5章 新しいジャズを生む才能たち

Spotify　Amazon Music　Apple Music

＊各アルバムの本書掲載情報とプレイリスト配信各サービスの掲載情報に差異がある場合があることをあらかじめご了承お願いします。
＊本書に掲載しているものの、プレイリスト配信各サービスにて配信されていないアルバム、楽曲があることをあらかじめご了承お願いします。
＊プレイリスト配信各サービスの事由による配信終了につきましては弊社対応外になります。
＊本書に掲載情報は2023年10月20日現在のものになります。

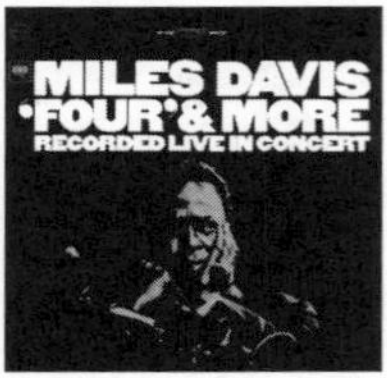

フォア&モア

（コロムビア）

マイルス・デイヴィス

〈1966〉

曲

ソー・ホワット
ウォーキン
ジョシュア〜ゴー・ゴー
フォア
セヴン・ステップス・トゥ・ヘヴン
ゼア・イズ・ノー・グレーター・ラブ〜ゴー・ゴー

パーソネル

マイルス・デイヴィス（tp）
ハービー・ハンコック（p）
ロン・カーター（b）
トニー・ウィリアムス（ds）
ジョージ・コールマン（ts）

Spotify　Amazon Music　Apple Music

ここに注目!

若い時代のハービー、トニー、ロンのラウドな演奏が聴ける。ハービーやロンは今とは別人のよう。彼ら若手に刺激され、マイルスの演奏にも力が満ちている。

マイ・ファニー・ヴァレンタイン

（コロムビア）

マイルス・デイヴィス

〈1965〉

曲

マイ・ファニー・ヴァレンタイン
オール・オブ・ユー
星影のステラ
オール・ブルース
アイ・ソート・アバウト・ユー

パーソネル

マイルス・デイヴィス（tp）
ハービー・ハンコック（p）
ロン・カーター（b）
トニー・ウィリアムス（ds）
ジョージ・コールマン（ts）

Spotify　Amazon Music　Apple Music

ここに注目!

『フォア&モア』と同じ日のステージからバラードを集めたロマンティックなアルバム。ハービーの演奏からもトニーの演奏からも自由が感じられる。

セヴン・ステップス・トゥ・ヘヴン

（コロムビア）

マイルス・デイヴィス

〈1963〉

曲
ベイズン・ストリート・ブルース
セヴン・ステップス・トゥ・ヘヴン
アイ・フォール・イン・ラヴ・トゥー・イージリィ
ソー・ニアー、ソー・ファー
家へおいでよ
ジョシュア

パーソネル
マイルス・デイヴィス (tp)
ジョージ・コールマン (ts)
ビクター・フェルドマン (p)
ロン・カーター (b)
フランク・バトラー (ds)
ハービー・ハンコック (p)
トニー・ウィリアムズ (ds)

Spotify　Amazon Music　Apple Music

ここに注目!

マイルスの黄金期の幕開け的なアルバム。2、4、6曲目が録音当時は若手だったハービーやトニーが演奏している。ほかの曲と比べて明らかにラウド。そしてグルーヴィー。

テイキン・オフ

（ブルーノート）

ハービー・ハンコック

〈1962〉

曲
ウォーターメロン・マン
スリー・バッグス・フル
エンプティ・ポケッツ
ザ・メイズ
ドリフティン
アローン・アンド・アイ

パーソネル
ハービー・ハンコック (p)
フレディ・ハバード (tp)
デクスター・ゴードン (ts)
ブッチ・ウォーレン (b)
ビリー・ヒギンス (ds)

Spotify　Amazon Music　Apple Music

ここに注目!

シカゴの実家近くのスイカの売り買いの声からヒントを得た、ハービーの代表曲の1つ「ウォーターメロン・マン」では、ファンキーなピアノの演奏を楽しめる。

エンピリアン・アイルズ

（ブルーノート）

ハービー・ハンコック

〈1964〉

曲
ワン・フィンガー・スナップ
オリロクィ・ヴァレー
カンタロープ・アイランド
ジ・エッグ

パーソネル
ハービー・ハンコック（p）
フレディ・ハバード（cort）
ロン・カーター（b）
トニー・ウィリアムス（ds）

Spotify　Amazon Music　Apple Music

ここに注目！

ハービーのリーダー・アルバムだが、フレディ・ハバードが演奏するトランペットがとくにすさまじい。他のメンバーを圧倒するので、まずは彼の演奏を中心に聴いてみたい。

イントロデューシング・ウェイン・ショーター

（ヴィージェイ）

ウェイン・ショーター

〈1960〉

曲
ブルース・ア・ラ・カルト
ハリーズ・ラスト・スタンド
ダウン・イン・ザ・デプス
パグ・ノーズ
ブラック・ダイアモンド
マック・ザ・ナイフ

パーソネル
ウェイン・ショーター（ts）
リー・モーガン（tp）
ウィントン・ケリー（p）
ポール・チェンバース（b）
ジミー・コブ（ds）

Spotify　Amazon Music　Apple Music

ここに注目！

スケールの大きな物語性のある演奏が特徴のウェインだが、ファースト・リーダー作では王道のジャズを演奏している。リー・モーガンやウィントン・ケリーも見事。

ブルー・トレイン

(ブルーノート)

ジョン・コルトレーン

〈1957〉

曲
ブルー・トレイン
モーメンツ・ノーティス
ロコモーション
アイム・オールド・ファッションド
レイジー・バード

パーソネル
ジョン・コルトレーン (ts)
リー・モーガン (tp)
カーティス・フラー (tb)
ケニー・ドリュー (p)
ポール・チェンバース (b)
フィリー・ジョー・ジョーンズ (ds)

Spotify　Amazon Music　Apple Music

ここに注目!

「ブルー・トレイン」の導入からすぐテナーの長いソロがある。下積みが長かったコルトレーンが、それまでためにためたエネルギーを放出するかのように吹きまくる。

サキソフォン・コロッサス

(プレスティッジ)

ソニー・ロリンズ

〈1956〉

曲
セント・トーマス
ユー・ドント・ノウ・ホワット・ラヴ・イズ
ストロード・ロード
モリタート
ブルー・セヴン

パーソネル
ソニー・ロリンズ (ts)
トミー・フラナガン (p)
ダグ・ワトキンス (b)
マックス・ローチ (ds)

Spotify　Amazon Music　Apple Music

ここに注目!

テナー・サックスが高らかに鳴る「セント・トーマス」は誰もが聴いたことがあるだろう名曲。モダン・ジャズの王道ともいえる音を体験できるジャズ史に輝く名盤。

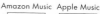

テナー・マッドネス

（プレスティッジ）

ソニー・ロリンズ

〈1956〉

曲

テナー・マッドネス
恋人が行ってしまったら
ポールズ・パル
マイ・レヴェリー
世界一美しい娘

パーソネル

ソニー・ロリンズ（ts）
ジョン・コルトレーン（ts）
レッド・ガーランド（p）
ポール・チェンバース（b）
フィリー・ジョー・ジョーンズ（ds）

Spotify　Amazon Music　Apple Music

ここに注目！

ライバルであり盟友であるソニーとコルトレーンのテナーの共演が楽しい。歌い合うような、語り合うような。2人が楽しんでいるようで聴くほうも楽しくなる。

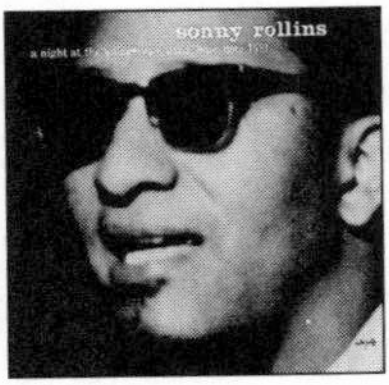

ヴィレッジ・ヴァンガードの夜

（ブルーノート）

ソニー・ロリンズ

〈1957〉

曲

オールド・デヴィル・ムーン
朝日のようにさわやかに
ストライヴァーズ・ロウ
ソニームーン・フォー・トゥー
チュニジアの夜
言い出しかねて

パーソネル

ソニー・ロリンズ（ts）
ドナルド・ベイリー、ウィルバー・ウェア（b）
ピート・ラロカ、エルビン・ジョーンズ（ds）

Spotify　Amazon Music　Apple Music

ここに注目！

名門ジャズクラブの空気までまるごと収めたアルバム。ソニーの演奏はもちろん素晴らしいが、若く活力あるエルヴィン・ジョーンズのドラムスの音も迫力がある。

奇妙な果実

（コモドア）

ビリー・ホリデイ

〈1957〉

曲

奇妙な果実
イエスタデイズ
ファイン・アンド・メロウ
ブルースを歌おう
ハウ・アム・アイ・トゥ・ノウ
マイ・オールド・フレーム
アイル・ゲット・バイ
水辺にたたずみ
アイル・ビー・シーイング・ユー
アイム・ユアーズ
エンブレイサブル・ユー
時の過ぎゆくままに
ヒーズ・ファニー・ザット・ウェイ
恋人よ我に帰れ
アイ・ラヴ・マイ・マン
明るい表通りで

パーソネル

ビリー・ホリデイ (vo)
ソニー・ホワイト、エディ・ヘイウッド (p)
ジョン・ウィリアムス、ジョン・シモンズ (b)
エド・ショーネシー、シドニー・カトレット (ds)
フランク・ニュートン、ドク・チータム (tp)
ヴィック・ディッケンソン (tb)
タブ・スミス、レム・デイヴィス (as)
他

Spotify　Amazon Music　Apple Music

ここに注目！

人種差別、ドラッグ依存症、アルコール依存症、レイプ……。壮絶な人生を歩んできたビリーの哀しみ、怒り、喜びのすべてが、その声から感じることができる。

リラクシン

（プレスティッジ）

マイルス・デイヴィス・クインテッド

〈1958〉

曲

もしも私が鐘ならば
君はわがすべて
アイ・クッド・ライト・ア・ブック
オレオ
イット・クッド・ハプン・トゥ・ユー
ウディン・ユー

パーソネル

マイルス・デイヴィス (tp)
ジョン・コルトレーン (ts)
レッド・ガーランド (p)
ポール・チェンバース (b)
フィリー・ジョー・ジョーンズ (ds)

Spotify　Amazon Music　Apple Music

ここに注目！

マイルスとコルトレーンが同じバンドにいた時代。2日で4枚分の曲を録音したエネルギーが発揮されている。バラード「君はわがすべて」はとてもおしゃれ。

クッキン

（プレスティッジ）

マイルス・デイヴィス・クインテッド

〈1957〉

曲

マイ・ファニー・ヴァレンタイン
ブルース・バイ・ファイヴ
エアジン
チューン・アップ〜ホエン・ライツ・アー・ロウ

パーソネル

マイルス・デイヴィス（tp）
ジョン・コルトレーン（ts）
レッド・ガーランド（p）
ポール・チェンバース（b）
フィリー・ジョー・ジョーンズ（ds）

Spotify　Amazon Music　Apple Music

ここに注目！

1曲目の「マイ・ファニー・ヴァレンタイン」の導入のピアノからうっとりさせられる。『リラクシン』同様、一気に録音したからこそのライヴ感ある演奏。

ラウンド・アバウト・ミッドナイト

（コロムビア）

マイルス・デイヴィス

〈1957〉

曲

ラウンド・ミッドナイト
アー・リュー・チャ
オール・オブ・ユー
バイ・バイ・ブラックバード
タッズ・デライト
ディア・オールド・ストックホルム

パーソネル

マイルス・デイヴィス（tp）
ジョン・コルトレーン（ts）
レッド・ガーランド（p）
ポール・チェンバース（b）
フィリー・ジョー・ジョーンズ（ds）

Spotify　Amazon Music　Apple Music

ここに注目！

セロニアス・モンク作曲の「ラウンド・ミッドナイト」は、マイルスのミュートの効いたトランペットとコルトレーンのテナーに深い夜にいざなわれるよう。

ヘレン・メリル・ウィズ・クリフォード・ブラウン

（エマーシー）

ヘレン・メリル

〈1955〉

曲
ドント・エクスプレイン
ユード・ビー・ソー・ナイス・トゥ・カム・ホーム・トゥ
ホワッツ・ニュー
恋に恋して
イエスタデイズ
ボーン・トゥ・ビー・ブルー
スワンダフル

パーソネル
ヘレン・メリル（vo）
クリフォード・ブラウン（tp）
ジミー・ジョーンズ（p）
バリー・ガルブレイス（g）
ダニー・バンク（fl、bs）
クインシー・ジョーンズ（arr、cond）
他

Spotify　Amazon Music　Apple Music

ここに注目！

名曲「ユード・ビー・ソー・ナイス・カム・ホーム・トゥ」は、“ニューヨークのためいき”ヘレンのハスキー・ヴォイスと“天才”ブラウニーによる奇跡的な曲。

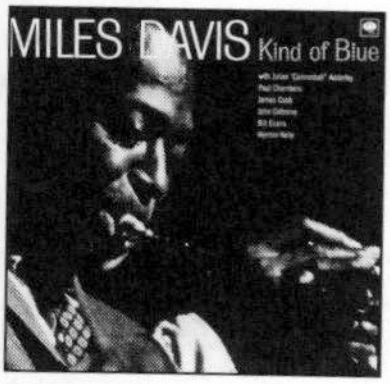

カインド・オブ・ブルー

（コロムビア）

マイルス・デイヴィス

〈1959〉

曲
ソー・ホワット
フレディ・フリーローダー
ブルー・イン・グリーン
オール・ブルース
フラメンコ・スケッチ

パーソネル
マイルス・デイヴィス（tp）
ジョン・コルトレーン（ts）
キャノンボール・アダレイ（as）
ビル・エヴァンス（p）
ウィントン・ケリー（p）
ポール・チェンバース（b）
ジミー・コブ（ds）

Spotify　Amazon Music　Apple Music

ここに注目！

名曲「ソー・ホワット」から始まるジャズの金字塔。マイルスとコルトレーンは円熟の演奏。マイルスはビル・エヴァンスのピアノを水晶のようだと賞賛。

バラード

（インパルス）

ジョン・コルトレーン・カルテット

〈1962〉

曲
セイ・イット
ユー・ドント・ノウ・ホワット・ラヴ・イズ
トゥー・ヤング・トゥ・ゴー・ステディ
オール・オア・ナッシング・アット・オール
アイ・ウィッシュ・アイ・ニュー
ホワッツ・ニュー
イッツ・イージー・トゥ・リメンバー
ナンシー

パーソネル
ジョン・コルトレーン（ts）
マッコイ・タイナー（p）
ジミー・ギャリソン、レジー・ワークマン（b）
エルヴィン・ジョーンズ（ds）

Spotify　Amazon Music　Apple Music

ここに注目！

マッコイが「全部の曲が自分のために歌われているように感じる」と語った、コルトレーンのテナー・サックスによる、ものすごくロマンティックな気分に浸れるバラード集。

インプレッションズ

（インパルス）

ジョン・コルトレーン

〈1963〉

曲
インディア
アップ・ゲインスト・ザ・ウォール
インプレッションズ
アフター・ザ・レイン

パーソネル
ジョン・コルトレーン（ts、ss）
マッコイ・タイナー（p）
ジミー・ギャリソン（b）
エルヴィン・ジョーンズ（ds）

Spotify　Amazon Music　Apple Music

ここに注目！

リズムセクションがうねりを生みコルトレーンのテナーが歌いまくる。一緒に上原ひろみの『BLUE GIANT』も聴いてほしい。オリジナルの空気を再現しているよう。

至上の愛

（インパルス）

ジョン・コルトレーン

〈1965〉

Spotify　Amazon Music　Apple Music

曲

パート1：承認
パート2：決意
パート3：追求
パート4：賛美

パーソネル

ジョン・コルトレーン（ts）
マッコイ・タイナー（p）
ジミー・ギャリソン（b）
エルヴィン・ジョーンズ（ds）

ここに注目！

コルトレーンが芸術と哲学を追求した名盤。ロックやJ-POPをふだん聴いている人には難解かもしれない。『バラード』や『インプレッション』の後に聴いてほしい。

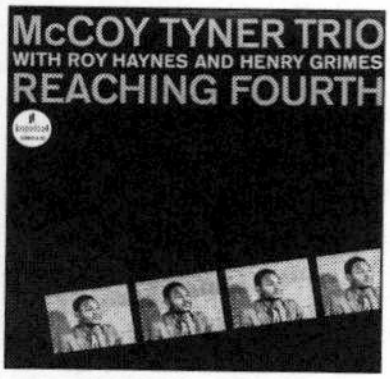

リーチング・フォース

（インパルス）

マッコイ・タイナー

〈1963〉

Spotify　Amazon Music　Apple Music

曲

リーチング・フォース
グッドバイ
アーニーのテーマ
ブルース・バック
オールド・デヴィル・ムーン
ジョーンズ嬢に会ったかい？

パーソネル

マッコイ・タイナー（p）
ヘンリー・グライムス（b）
ロイ・ヘインズ（ds）

ここに注目！

力強い鍵盤タッチで、マッコイが弾きまくる。ハードなピアノを好むリスナーにはたまらない演奏。ドラマーのロイ・ヘインズも叩きまくる。スカッとする。

バラードとブルースの夜

（インパルス）

マッコイ・タイナー

〈1963〉

曲

サテン・ドール
ウィル・ビー・トゥゲザー・アゲイン
ラウンド・ミッドナイト
フォー・ヘヴンズ・セイク
スター・アイズ
ブルー・モンク
グルーヴ・ワルツ
酒とバラの日々

パーソネル

マッコイ・タイナー（p）
スティーヴ・デイヴィス（b）
レックス・ハンフリーズ（ds）

Spotify　Amazon Music　Apple Music

ここに注目！

スロー・ナンバー中心なので、主旋律はマッコイも美しくきらびやかなピアノを弾く。それでも激しい。要所要所で流れるような指使いを楽しませてくれる。

ザ・リアル・マッコイ

（ブルーノート）

マッコイ・タイナー

〈1967〉

曲

パッション・ダンス
コンテンプレイション
フォア・バイ・ファイヴ
サーチ・フォー・ピース
ブルース・オン・ザ・コーナー

パーソネル

マッコイ・タイナー（p）
ジョー・ヘンダーソン（ts）
ロン・カーター（b）
エルビン・ジョーンズ（ds）

Spotify　Amazon Music　Apple Music

ここに注目！

マッコイは弾きまくり。エルヴィン・ジョーンズは叩きまくり。いまよりラウドなロン・カーターが、それでもメンバーを諭すようなベースを弾いている。

マイルス・デイヴィス・アット・フィルモア

（コロムビア）

マイルス・デイヴィス

〈1970〉

曲

ディレクションズ
ビッチェズ・ブリュー
ザ・マスク
イッツ・アバウト・ザット・タイム
メドレー ビッチェズ・ブリュー／ザ・テーマ
ディレクションズ
ザ・マスク
イッツ・アバウト・ザット・タイム
イッツ・アバウト・ザット・タイム
アイ・フォール・イン・ラヴ・トゥー・イージリィ
サンクチュアリ
メドレー ビッチェズ・ブリュー／ザ・テーマ
イッツ・アバウト・ザット・タイム
アイ・フォール・イン・ラヴ・トゥー・イージリィ
サンクチュアリ
ビッチェズ・ブリュー
メドレー ウィリー・ネルソン／ザ・テーマ

パーソネル

マイルス・デイヴィス (tp)
デイヴ・ホランド (b)
ジャック・デジョネット (ds)
キース・ジャレット (org)
アイアート・モレイラ (per、vo)
スティーヴ・グロスマン (ss、ts)
チック・コリア (p)

Spotify　Amazon Music　Apple Music

ここに注目！

チック・コリアがピアノ、キース・ジャレットがエレクトリック・ピアノを演奏。その後のキャリアを考えると貴重な音源。内容はアヴァンギャルド。

サムホエア・ビフォー

(Atlantic)

キース・ジャレット・トリオ

〈1968〉

曲

マイ・バック・ペイジ
プリティ・バラッド
ムーヴィング・スーン
サムホエア・ビフォー
ニュー・ラグ
モーメント・フォー・ティアーズ
パウツ・オーヴァー
君に捧ぐ
オールド・ラグ

パーソネル

キース・ジャレット (p)
チャーリー・ヘイデン (b)
ポール・モチアン (ds)

Spotify　Amazon Music

ここに注目！

キースのポップな面も聴ける。ボブ・ディラン作曲の「マイ・バック・ペイジ」や、「ムーヴィング・スーン」の演奏は美しく、荒々しさも感じられる。

フェイシング・ユー

(ECM)

キース・ジャレット

〈1972〉

曲
イン・フロント
リトゥーリア
ラレーヌ
マイ・レディ、マイ・チャイルド
ランドスケイプ・フォー・フューチャー・アース
スターブライト
ヴァパリア
センブレンス

パーソネル
キース・ジャレット (p)

Spotify　Amazon Music　Apple Music

ここに注目!

マイルス・バンドのツアーのオフ日を活用し、ノルウェーで録音したソロ・ピアノ作。その土地の空気までも録音されているかのように感じられる演奏。

ザ・ケルン・コンサート

(ECM)

キース・ジャレット

〈1975〉

曲
ケルン、1975年1月24日 パートI
ケルン、1975年1月24日 パートIIA
ケルン、1975年1月24日 パートIIB
ケルン、1975年1月24日 パートIIC

パーソネル
キース・ジャレット (p)

Spotify　Amazon Music　Apple Music

ここに注目!

旧西ドイツ、ケルンのオペラ劇場での響き、透き通るようなピアノの音色、ピアノという楽器が持つ音の美しさを堪能できる。風景が見えるような視覚的でもある名盤。

ナウ・ヒー・シングス、ナウ・ヒー・ソブス

（ソリッド・ステイト）

チック・コリア

〈1968〉

曲
ステップス−ホワット・ワズ
マトリックス
ナウ・ヒー・シングス−ナウ・ヒー・ソブス
ナウ・ヒー・ビーツ・
ザ・ドラム−ナウ・ヒー・ストップス
ザ・ロウ・オブ・フォーリング・
アンド・キャッチング・アップ

パーソネル
チック・コリア（p）
ミロスラフ・ヴィトウス（b）
ロイ・ヘインズ（ds）

Spotify　Amazon Music　Apple Music

ここに注目！

後にフュージョン・シーンもリードしたチックが、キャリア初期に録音したピアノ・トリオのアルバム。ロイ・ヘインズとヴィトウスが生むグルーヴが心地よい。

ビッチェズ・ブリュー

（コロムビア）

マイルス・デイヴィス

〈1970〉

曲
ファラオズ・ダンス
ビッチェズ・ブリュー
スパニッシュ・キー
ジョン・マクラフリン
マイルス・ランズ・ザ・ヴードゥー・ダウン
サンクチュアリ

パーソネル
マイルス・デイヴィス（tp）
ウェイン・ショーター（ss）
ベニー・モウピン（bcl）
ジョン・マクラフリン（g）
ジョー・ザヴィヌル、チック・コリア（p）
デイヴ・ホランド（b）
ハーヴェイ・ブルックス（b）
レニー・ホワイト、ジャック・ディジョネット（ds）
他

Spotify　Amazon Music　Apple Music

ここに注目！

チック・コリアとジョー・ザビヌル、2人のフェンダー・ローズの使い手が、この楽器の魅力を最大限発揮させている。フュージョンの原点といえるアルバムの1つ。

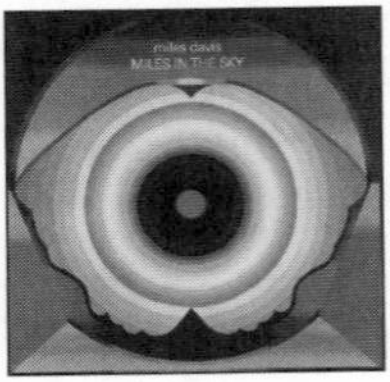

マイルス・イン・ザ・スカイ

（コロムビア）

マイルス・デイヴィス

〈1968〉

Spotify　Amazon Music　Apple Music

曲
スタッフ
パラフェルナリア
ブラック・コメディ
カントリー・サン

パーソネル
マイルス・デイヴィス（tp）
ウェイン・ショーター（ts）
ハービー・ハンコック（p）
ロン・カーター（b）
トニー・ウィリアムス（ds）
ジョージ・ベンソン（g）

ここに注目！

マイルス黄金のクインテットの完成された演奏に、若くキャリアの浅いベンソンが加わった「パラフェルナリア」が聴きどころ。ベンソンは臆することなく弾いている。

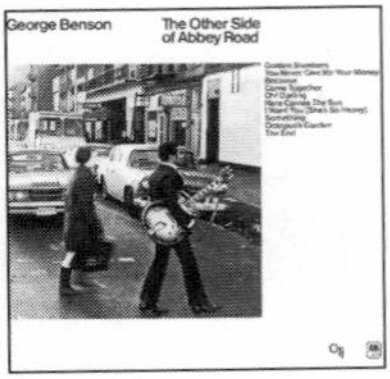

アビイ・ロード

（A&M）

ジョージ・ベンソン

〈1970〉

Spotify　Amazon Music　Apple Music

曲
ゴールデン・スランバーズ／
　ユー・ネヴァー・ギヴ・ミー・ユア・マネー
ビコーズ／カム・トゥゲザー
オー！　ダーリン
ヒア・カムズ・ザ・サン／アイ・ウォント・ユー
サムシング／オクトパス・ガーデン／ジ・エンド

パーソネル
ジョージ・ベンソン（vo、g）
ボブ・ジェームス、ハービー・ハンコック（p）
ロン・カーター、ジェリー・ジェモット（b）
レイ・バレット（per）
ソニー・フォーチュン（as）
ジェローム・リチャードソン（ts、cl、fl）
フレディ・ハバード（tp）
ヒューバート・ロウズ（fl）　他

ここに注目！

世界中の誰もが知るビートルズの名盤をベンソンの解釈で演奏し歌う。おしゃれのようで泥臭く、それでいて洗練も感じるジョージ・ベンソンの世界観を体験できる。

アメリカン・ガレージ

(ECM)

パット・メセニー・グループ

〈1980〉

曲
クロス・ザ・ハートランド
エアーストリーム
ザ・サーチ
アメリカン・ガレージ
ジ・エピック

パーソネル
パット・メセニー (g、b)
ライル・メイズ (p、org)
マーク・イーガン (b)
ダニー・ゴットリーブ (ds)

Spotify　Amazon Music　Apple Music

ここに注目!

あるときは風のような、あるときはさざ波のようなギター。カウントで始まるタイトル曲は、晴れた朝、どこまでも続く道をクルマで疾走していくときに聴くと最高。

トラヴェルズ

(ECM)

パット・メセニー・グループ

〈1980〉

曲
ついておいで
ザ・フィールズ、ザ・スカイ
グッドバイ
フェイズ・ダンス
ストレート・オン・レッド
ファーマーズ・トラスト
エクストラディション
ゴーイン・アヘッド／ウィチタ・フォールズ
トラヴェルズ
ソング・フォー・ビルバオ
想い出のサン・ロレンツォ

パーソネル
パット・メセニー (g)
ライル・メイズ (p、org)
スティーヴ・ロドビー (b)
ダニー・ゴットリーブ (ds)
ナナ・ヴァスコンセロス (per、vo)

Spotify　Amazon Music　Apple Music

ここに注目!

「トラヴェルズ」「思い出のサン・ロレッツォ」などは、大地、陽の光、水面が目の前に広がるよう。哀愁、郷愁、切なさが感じられる。涙腺が刺激される。

80/81

(ECM)

パット・メセニー

〈1980〉

曲
トゥー・フォーク・ソングズ〜ファースト＆セカンド
80/81
ザ・バット
ターンアラウンド
オープン
プリティ・スキャタード
エヴリデイ（アイ・サンキュー）
ゴーイン・アヘッド

パーソネル
パット・メセニー（g）
マイケル・ブレッカー（ts）
デューイ・レッドマン（ts）
チャーリー・ヘイデン（b）
ジャック・ディジョネット（ds）

Spotify　Amazon Music　Apple Music

ここに注目！

王道のジャズ寄りのメンバーで録音。デジョネット、チャーリー・ヘイデンという腕利きが音楽の土台を支え、キャンバスに画を描くようにパットがギターを奏でていく。

夜の彷徨

（ワーナー・ブラザース）

ラリー・カールトン

〈1978〉

曲
ルーム335
彼女はミステリー
ナイト・クロウラー
ポイント・イット・アップ
リオのサンバ
恋のあやまち
希望の光
昨日の夢

パーソネル
ラリー・カールトン（g）
グレッグ・マティソン（kb）
エイブラハム・ラボリエル（b）
ジェフ・ポーカロ（ds）
パウリーニョ・ダ・コスタ（per）
他

Spotify　Amazon Music　Apple Music

ここに注目！

日本でも大人気になった「ルーム335」は、1970年代のアメリカ西海岸の空気が感じられる。今もライヴで演奏されるが、ブルージーな音になっている。

キャプテン・フィンガーズ

（エピック）

リー・リトナー

〈1977〉

曲

キャプテン・フィンガーズ
ドルフィン・ドリームス
フライ・バイ・ナイト
マルガリータ
可愛いアイシャ
スペース・グライド
サン・ソング

パーソネル

リー・リトナー（g）
ビル・チャンプリン（vo）
アーニー・ワッツ（ts）
デイヴ・グルーシン（p）
ハーヴィー・メイソン（ds、per）
イアン・アンダーウッド（syn）
他

Spotify　Amazon Music　Apple Music

ここに注目！

ああ、こういう時代があったなあ、と懐かしさが感じられる1970年代のアメリカ西海岸のサウンド。ジェフ・ポーカロが刻むリズムが小気味よく心地よい。

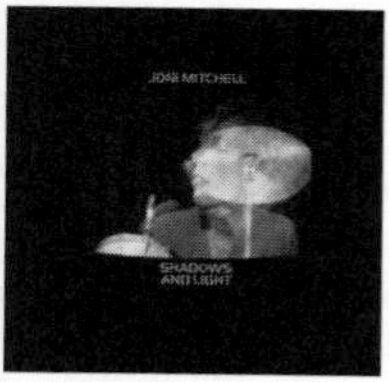

シャドウズ・アンド・ライト

（アサイラム）

ジョニ・ミッチェル

〈1980〉

曲

イントロダクション
イン・フランス・ゼイ・キス・オン・メイン・ストリート
イーディス・アンド・ザ・キングピン
コヨーテ
グッドバイ・ポーク・パイ・ハット
ザ・ドライ・クリーナー・フロム・デモイン
アメリア
パッツ・ソロ
逃避行
ブラック・クロウ
ドンズ・ソロ
ドリームランド
フリー・マン・イン・パリ
バンド・イントロダクション
ファーリー・シングス・ザ・ブルース
ホワイ・ドゥ・フールズ・フォール・イン・ラブ
シャドウズ・アンド・ライト
ゴッド・マスト・ビー・ア・ブギーマン
ウッドストック

パーソネル

ジョニ・ミッチェル（g、vo）
マイケル・ブレッカー（ts）
パット・メセニー（g）
ライル・メイズ（p、kb）
ジャコ・パストリアス（b）
ドン・アライアス（ds）
パースエイジョンズ（vo）

Amazon Music　Apple Music

ここに注目！

ジャコ、メセニー、ブレッカー……。奇跡的なメンバーが集結。全部の楽器がジョニと歌う。「コヨーテ」「逃避行」「黒いカラス」などの名曲を最高の演奏で聴ける。

ジャコ・パストリアスの肖像

（エピック）

ジャコ・パストリアス

〈1976〉

曲
ドナ・リー
カム・オン、カム・オーヴァー
コンティニューム
クル／スピーク・ライク・ア・チャイルド
トレイシーの肖像
オーパス・ポーカス
オコンコレ・イ・トロンパ
（ユースド・トゥ・ビィ・ア）チャ・チャ
忘れ去られた愛

パーソネル
ジャコ・パストリアス（b）
ランディ・ブレッカー（tp）
マイケル・ブレッカー（ts）
ハービー・ハンコック（p）
ウェイン・ショーター（ss）
ナラダ・マイケル・ウォルデン、
レニー・ホワイト（ds）
ドン・アライアス（per）
ヒューバート・ロウズ（fl）
他

Spotify　Amazon Music　Apple Music

ここに注目！

“世界最高のベーシスト”のテクニックが満喫できる。音符の制限にしばられないフレッドレスベースによる、メロディアスで流れるような演奏がつまったアルバム。

ヘヴィー・ウェザー

（コロムビア）

ウェザー・リポート

〈1977〉

曲
バードランド
お前のしるし
ティーン・タウン
アルルカン
ルンバ・ママ
パラディアム
ジャグラー
ハヴォナ

パーソネル
ジョー・ザヴィヌル（p）
ウェイン・ショーター（ss、ts）
ジャコ・パストリアス（b）
アレックス・アクーニャ（ds）
マノロ・バドレーナ（per）
他

Spotify　Amazon Music　Apple Music

ここに注目！

演奏にすごみが増してきたジャコと、ザビヌルのキャリアハイが重なって生まれたフュージョン最大の名盤の1つ。むぎゅむぎゅ歌うジャコのベースが心地いい。

ヘヴィ・メタル・ビ・バップ

（アリスタ）

ブレッカー・ブラザーズ

〈1978〉

曲
イースト・リヴァー
インサイド・アウト
サム・スカンク・ファンク
スポンジ
ファンキー・シー、ファンキー・デュー
スクイッズ

パーソネル
ランディ・ブレッカー（tp、kb）
マイケル・ブレッカー（ts）
バリー・フィナティ（g）
ニール・ジェイソン（b）
テリー・ボジオ（ds）
他

Spotify　Amazon Music　Apple Music

ここに注目！

若い時代のマイケル・ブレッカーのハードコアな演奏を体験できるジャズ・ファンクのアルバム。テリー・ボジオのタイトなスネア・ドラムの音が気持ちいい。

スターダスト

（コロムビア）

ウィントン・マルサリス

〈1984〉

曲
スターダスト
レイジー・アフタヌーン
フォー・オール・ウィ・ノウ
星に願いを
ジャンゴ
メランコリア
ホット・ハウス・フラワーズ
アイム・コンフェッシン

パーソネル
ウィントン・マルサリス（tp）
ブランフォード・マルサリス（ss、ts）
ケント・ジョーダン（fl）
ケニー・カークランド（p）
ロン・カーター（b）
ジェフ・テイン・ワッツ（ds）

Spotify　Amazon Music　Apple Music

ここに注目！

甘いバラードを中心にオーケストラと演奏する。「スターダスト」は夜の時間帯に聴くとロマンティック気持ちに浸れる。架空のラヴストーリーのサントラを聴くよう。

ブリング・オン・ザ・ナイト

（A&M）

スティング

〈1986〉

曲

ブリング・オン・ザ・ナイト／ホエン・ザ・ワールド・イズ・ランニング・ダウン
コンシダー・ミー・ゴーン
ロー・ライフ
黒い傷あと
世界は悲しすぎる
ブルー・タートルの夢／破壊者
ワン・ワールド／ラヴ・イズ・ザ・セブンス・ウェイヴ
バーボン・ストリートの月
アイ・バーン・フォー・ユー
アナザー・デイ
チルドレンズ・クルセイド
ダウン・ソー・ロング
サハラ砂漠でお茶を

パーソネル

スティング（vo）
ダリル・ジョーンズ（b）
オマー・ハキム（ds）
ケニー・カークランド（p）
ブランフォード・マルサリス（ts）
他

Spotify　Amazon Music　Apple Music

ここに注目！

タイトル曲から一気にこのアルバムのグルーヴに取り込まれてしまう。オマー・ハキムとダリル・ジョーンズのリズム、ブランフォードやケニーのソロが力強い。

スター・ピープル

（コロムビア）

マイルス・デイヴィス

〈1983〉

曲

カム・ゲット・イット
イット・ゲッツ・ベター
スピーク
スター・ピープル
ユー・アンド・アイ
スター・オン・シシリー

パーソネル

マイルス・デイヴィス（tp）
ビル・エヴァンス（fl、ss、ts）
マイク・スターン（g）
ジョン・スコフィールド（g）
マーカス・ミラー、トム・バーニー（b）
アル・フォスター（ds）
ミノ・シネル（per）

Spotify　Amazon Music　Apple Music

ここに注目！

「あまりにすごかったから、すぐにバンドに入れた」とマイルスが語るジョンスコの音。「イット・ゲッツ・ベター」のギター・ソロとマイルスの掛け合いがシブイ。

デコイ

（コロムビア）

マイルス・デイヴィス

〈1984〉

曲
デコイ
ロボット415
コードM.D.
フリーキー・ディーキー
ホワット・イット・イズ
ザッツ・ライト
ザッツ・ホワット・ハプンド

パーソネル
マイルス・デイヴィス（tp）
ブランフォード・マルサリス（ss）
ビル・エヴァンス（fl、ss、ts）
ジョン・スコフィールド（g）
ダリル・ジョーンズ（b）
アル・フォスター（ds）
ミノ・シネル（per）　他

Spotify　Amazon Music　Apple Music

ここに注目！

ジョンスコのギターの演奏はひたすら攻撃的で挑戦的だ。そして常に新しいアプローチを行おうとする。このアルバムでは、ギターの弦を歪ませまくる。

TUTU

（ライノ／ワーナー）

マイルス・デイヴィス

〈1986〉

曲
TUTU
トーマス
ポーシア
スプラッチ
バックヤード・リチュアル
パーフェクト・ウェイ
ドント・ルーズ・ユア・マインド
フル・ネルソン

パーソネル
マイルス・デイヴィス（tp）
マーカス・ミラー（b、g、ss他）
パウリーニョ・ダ・コスタ（per）
ビリー・ハート（ds）
他

Spotify　Amazon Music　Apple Music

ここに注目！

27歳のマーカスが60歳のマイルスをプロデュース。マーカスのスラップ奏法がカッコイイ。トランペットのエフェクトのかげんにマーカスのセンスを感じる。

マイルス！マイルス！マイルス！ライヴ・イン・ジャパン

（ソニー）

マイルス・デイヴィス

〈1992〉

曲

バック・シート・ベティ
アーシュラ
マイ・マンズ・ゴーン・ナウ
アイーダ
ファット・タイム
ジャン・ピエール

パーソネル

マイルス・デイヴィス（tp）
マーカス・ミラー（b）
アル・フォスター（ds）
マイク・スターン（g）
ミノ・シネル（per）
ビル・エヴァンス（ts、ss）

ここに注目！

マイク・スターンのテーマともいえる「ファット・タイム」では、マイクがソロを弾きまくる。ジャズだが、マイクが演奏すると一気にロック・テイストになる。

ビヨンド

（ワーナー・ブラザース）

ジョシュア・レッドマン

〈2000〉

曲

カーレッジ（不均衡なアリア）
ビロンギング
ネヴァーエンド
リープ・オブ・フェイス
バランス
トワイライト…アンド・ビヨンド
ストイック・レヴォリューションズ
サスペンディッド・エマネーション
ラスト・ライツ・オブ・ロックン・ロール
ア・ライフ

パーソネル

ジョシュア・レッドマン（ts、as、ss）
アーロン・ゴールドバーグ（p）
リューベン・ロジャース（b）
グレッグ・ハッチンソン（ds）
マーク・ターナー（ts）

Spotify　Amazon Music　Apple Music

ここに注目！

アップテンポの曲には活力があり、バラードはとても美しい。ジョシュアのつくる楽曲、そしてサックスの音色からは知性と品性と洗練が感じられる。

デュエット

（ユニバーサル クラシックス&ジャズ）

チック・コリア&上原ひろみ

〈2008〉

曲

ヴェリー・アーリー
ハウ・インセンシティヴ
デジャヴ
フール・オン・ザ・ヒル
ハンプティ・ダンプティ
ボリヴァー・ブルース
ウィンドウズ
古城、川のほとり、深い森の中
サマータイム
プレイス・トゥ・ビー
ドーモ（チルドレンズ・ソング#12）
アランフェス協奏曲／スペイン

パーソネル

チック・コリア、上原ひろみ（p）

Spotify　Amazon Music　Apple Music

ここに注目！

信頼し尊重し共演を楽しんでいることがピアノの音から感じられるライヴ。「古城、川のほとり、深い森の中」はとくにスリリング。客席のグラスの音も音楽に聴こえる。

ラジオ・ミュージック・ソサイエティ

（ヘッズ・アップ・インターナショナル）

エスペランサ・スポルディング

〈2012〉

曲

ラジオ・ソング
シナモン・ツリー
クラウンド&キスド
ランド・オブ・ザ・フリー
ブラック・ゴールド
アイ・キャント・ヘルプ・イット
ホールド・オン・ミー
ヴェイグ・サスピション
エンデンジャード・
　スピーシーズ
レット・ハー
シティ・オブ・ローゼス
スマイル・ライク・ザット

パーソネル

エスペランサ・スポルディング（vo、b）
アルジェブラ・ブレセット（vo）
リオーネル・ルエケ（g）
ジョー・ロヴァーノ（ts）
レイラ・ハサウェイ（p）
ビリー・ハート（ds）
レオ・ジェノヴェーゼ（p）
テリ・リン・キャリントン（ds）
ジャック・ディジョネット（ds、p）
他

Spotify　Amazon Music　Apple Music

ここに注目！

エスペランサの透き通るような歌と、肉声のようなアップライト・ベースが、まるでリード・シンガーが2人いるかのように寄り添い、曲を歌い上げていく。

おわりに

本書を執筆していた1か月半ほど、毎日ジャズを聴きつづけた。来る日も来る日も聴きつづけた。こんなに毎日、朝から夜までジャズ漬けになったのは久しぶりだ。

音源は、ほぼ目次のまま聴いた。マイルス・デイヴィス、ジョン・コルトレーン、ハービー・ハンコック、ウェイン・ショーターを聴き、ソニー・ロリンズ、ビル・エヴァンスを聴き、キース・ジャレット、チック・コリアと聴いていった。最後は上原ひろみとエスペランサ・スポルディング。どれも若いときの演奏に集中して聴いた。

自宅にいながら、ジャズ史を旅しているような体験ができた。

執筆して気づいたことがある。思っていたよりも、多くのジャズ・ミュージシャンに出会えてきた。直接インタビューしてきた。

ニューヨークでお目にかかった人も多い。亡くなったかたも多い。音を聴くと、それぞれのかたたちの表情、声、ライヴのときの音がよみがえってくる。

みんな、やさしかった。少なくとも向き合って話しているときは、とても気を遣ってくれて、言葉を一つ一つ丁寧に選びながら語ってくれた。

インタビュースペースの設営を手伝ってくれたソニー・ロリンズ、亡き妻を描いた画を何十枚も見せてくれたウェイン・ショーター、約束の時間を1時間遅れてきたハービー・ハンコック、約束の時間よりも30分も早くやってきたロン・カーター、自宅を訪ねたら昼寝をしていて1時間半起きてこなかったマイク・スターン、車椅子を器用に操縦しながら現れたオスカー・ピーターソン、帰り際にふり向くと自宅前で妻とかたく抱き合いながら唇を重ねていたジョン・スコフィールド……。

全員が個性的だった。

楽しい仕事だった。レジェンドたちの若い時代にフォーカスするというテーマを与えてくれた星海社の持丸剛氏に感謝したい。

そして、最後まで読んでくださった読者の皆さん、ありがとうございます。

２０２３年10月　神舘和典

参考文献

『上原ひろみ サマーレインの彼方』神舘和典著、白土泰子撮影（幻冬舎文庫）

『Oh! MILES マイルスから愛をこめて』スイングジャーナルMOOK 1985 SUMMER（スイングジャーナル社）

『音楽ライターが、書けなかった話』神舘和典著（新潮新書）

『完本 マイルス・デイビス自叙伝』マイルス・デイビス／クインシー・トループ著、中山康樹訳（宝島社）

『キース・ジャレット インナービューズ－その内なる音楽世界を語る－』キース・ジャレット著、山下邦彦訳、ティモシー・ヒル／山下邦彦編（太田出版）

『奇妙な果実 ビリー・ホリデイ自伝』ビリー・ホリデイ著、油井正一／大橋巨泉訳（晶文社）

『「最高の音」を探して ロン・カーターのジャズと人生』ダン・ウーレット著、丸山京子訳（シンコーミュージック・エンタテイメント）

『ジャコ・パストリアスの肖像』ビル・ミルコウスキー著、湯浅恵子訳（リットーミュージック）

『ジャズ・グレイツ』デイヴィッド・ペリー著、瀬川順子訳（アルファベータ）

『ジャズ・ジャイアンツ 永遠の名盤500』（スイングジャーナル社）
『ジャズ批評95号 ギタリスト大全集Vol.1』（ジャズ批評社）
『ジャズ批評96号 ギタリスト大全集Vol.2』（ジャズ批評社）
『新書で入門 ジャズの鉄板50枚＋α』神舘和典著（新潮新書）
『チャーリー・パーカーの伝説』ロバート・ジョージ・ライズナー著、片岡義男訳（晶文社）
『25人の偉大なジャズメンが語る 名盤・名言・名演奏』神舘和典著（幻冬舎新書）
『バードは生きている チャーリー・パーカーの栄光と苦難』ロス・ラッセル著、池央耿訳（草思社）
『ハービー・ハンコック自伝 新しいジャズの可能性を追う旅』ハービー・ハンコック（with リサ・ディッキー）著、川嶋文丸訳（DU BOOKS）
『ビートルズ革命』ジョン・レノン著、片岡義男訳（草思社）
『ビル・エヴァンス－ジャズ・ピアニストの肖像－』ピーター・ペッティンガー著、相田京子訳（水声社）
『マイルス・アンド・ミー 帝王の素顔』クインシー・トループ著、中山康樹監修、中山啓子訳（河出書房新社）
『ミンガス 自伝・負け犬の下で』チャールズ・ミンガス／ネル・キング編、稲葉紀雄／黒田晶子訳（晶文社）

ジャズ・ジャイアントたちの20代《だい》録音《ろくおん》「青《あお》の時代《じだい》」の音《おと》を聴《き》く

二〇二三年一一月二〇日 第一刷発行

著者 神舘《こうだて》和典《かずのり》

発行者 太田《おおた》克史《かつし》
編集担当 持丸《もちまる》剛《つよし》

アートディレクター 吉岡秀典《よしおかひでのり》(セプテンバーカウボーイ)
デザイナー 五十嵐《いがらし》ユミ
フォントディレクター 紺野《こんの》慎一《しんいち》
校閲 鷗来堂《おうらいどう》

発行所 株式会社星海社
〒一一二-〇〇一三
東京都文京区音羽一-一七-一四 音羽YKビル四階
電話 〇三-六九〇二-一七三〇
FAX 〇三-六九〇二-一七三一
https://www.seikaisha.co.jp

発売元 株式会社講談社
〒一一二-八〇〇一
東京都文京区音羽二-一二-二一
(販売)〇三-五三九五-五八一七
(業務)〇三-五三九五-三六一五

印刷所 TOPPAN株式会社
製本所 株式会社国宝社

ISBN978-4-06-533848-3
Printed in Japan

277
SEIKAISHA SHINSHO

225

プリンス オフィシャルディスク・コンプリートガイド

KID

公式発表全作品レビューから辿る、プリンスの偉業

あらゆる音楽ジャンルを超越し、凡庸さとは対極にある不世出の天才ミュージシャン、プリンス。リリースするごとに万華鏡のように変化してきたその作品群はリスナーを魅了しつつも、時代に先駆けたサウンドや野心的なマーケティングのために、時として物議を醸し出してきた。プリンスのあまりにも膨大な作品群の魅力を余すことなく周知すべく、ファンサイト NPG Prince Site を20年以上運営し続ける日本国内屈指のプリンスフォロワーである著者が、プリンス公式発表作品全99タイトルを楽曲制作の背景や世界観を誠実かつ愛情を込めて精緻にレビュー。ようこそ、未来永劫語り継がれるべき、深淵なるプリンスの創作世界の入り口へ。

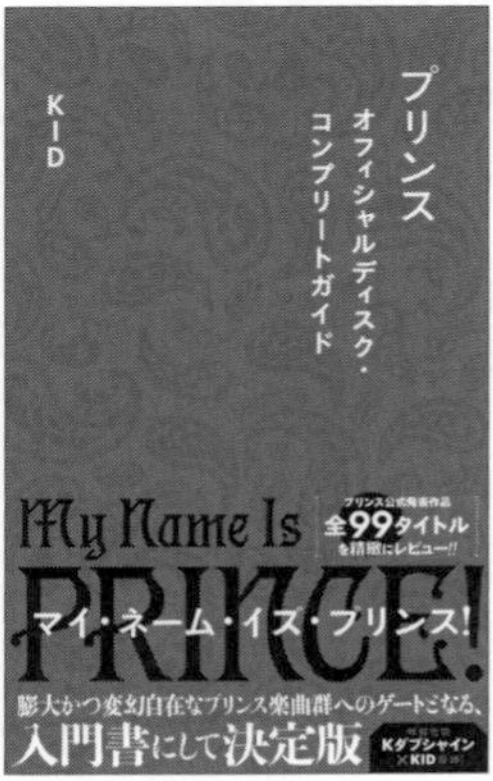

229

知られざるヴィジュアル系バンドの世界

冬将軍

ヴィジュアル系とは音楽ジャンルを指す言葉ではない!

日本のロックシーンは「ヴィジュアル系」を軸に発展してきた、と言い切ってしまっても大袈裟ではない。本書では90年代にヴィジュアル系がどう誕生して、多くの人になぜ受け入れられ、なぜ世界がうらやむほどの「ジャパンカルチャー」となったのか、その独自の発展をバンドの世界に留まらず、ファッション、漫画などさまざまな分野を通して辿っていく。さあ、その深淵の闇へ、共に堕ちていこう!

211

「シティポップの基本」がこの100枚でわかる！

栗本斉

「シティポップ」の熱狂を凝縮した、入門書にして決定版！

洋楽の要素を取り込み、鮮やかな色彩感覚で洗練された都市の情景を描きながら、憂いや哀愁をも含んだ日本独自の音楽ジャンル、「シティポップ」――この「都市型ポップス」は2010年代以降、世界中で急拡大する。本書はシティポップ史に燦然と輝く名盤から、先人の遺伝子を受け継ぎ昇華し続ける次世代盤まで、シティポップを紐解くうえで決して外すことのできない必聴の100枚を厳選し、30年にわたり日本のポップミュージックシーンと併走してきた著者が一枚ずつ丹念にレビューする。時代も国境も軽々と越えた、語り継ぐべきに日本の文化遺産に耽溺してほしい。

カバー装画：鈴木英人

273

「90年代J-POPの基本」がこの100枚でわかる！

栗本斉

きらめく「90年代J-POP」が厳選アルバム100枚でわかる！

テレビドラマのタイアップによるミリオン・ヒットの連発に、小室哲哉によるTKサウンドやイカ天、渋谷系といったムーヴメント、そしてクラブ・ミュージックやインディー・ロックの台頭――日本の90年代は、あらゆる音楽ジャンルが渾然一体となってヒット作が続出した。本書は、90年代に誕生したアルバム群のなかから時代を象徴する100枚を厳選し、当時のポップミュージックシーンと併走してきた著者が丹念にレビューする。同時代を知っている方はもちろん、後追い世代の方にも、史上最もCDが売れた奇跡の10年間の記録と記憶を堪能してほしい。

次世代による次世代のための

武器としての教養
星海社新書

星海社新書は、困難な時代にあっても前向きに自分の人生を切り開いていこうとする次世代の人間に向けて、ここに創刊いたします。本の力を思いきり信じて、**みなさんと一緒に新しい時代の新しい価値観を創っていきたい。若い力で、世界を変えていきたいのです。**

本には、その力があります。読者であるあなたが、そこから何かを読み取り、それを自らの血肉にすることができれば、一冊の本の存在によって、あなたの人生は一瞬にして変わってしまうでしょう。**思考が変われば行動が変わり、行動が変われば生き方が変わります。**著者をはじめ、本作りに関わる多くの人の想いがそのまま形となった、文化的遺伝子としての本には、大げさではなく、それだけの力が宿っていると思うのです。

沈下していく地盤の上で、他のみんなと一緒に身動きが取れないまま、大きな穴へと落ちていくのか？　それとも、重力に逆らって立ち上がり、前を向いて最前線で戦っていくことを選ぶのか？

星海社新書の目的は、**戦うことを選んだ次世代の仲間たちに「武器としての教養」をくばることです。**知的好奇心を満たすだけでなく、自らの力で未来を切り開いていくための〝武器〟としても使える知のかたちを、シリーズとしてまとめていきたいと思います。

2011年9月

星海社新書初代編集長　柿内芳文

SEIKAISHA SHINSHO